Eurus

Notus

小竹雅子
Masako Odake

総介護社会

——介護保険から問い直す

Boreas

Zephyrus

岩波新書
1731

はじめに　私が介護保険にこだわる理由

介護保険に関心を持ったのは一九九六年、法案の成立が危ぶまれているときでした。法律の制定を求めるシンポジウムで、厚生省(現厚生労働省)の担当者が「介護保険は、利用者の自己決定、自己選択の制度です」と語るのを聞いたのです。二一世紀のいまでこそ、政府は「地域共生社会」という言葉を掲げます。しかし、国連が「完全参加と平等」を掲げ、一九八一年を「国際障害者年」に定めたころ、日本では障害のある人が地域の普通学校に通いたい、施設ではなく街で暮らしたいという願いを実現するには、多くの困難がありました。行政の冷ややかな対応を経験したこともあり、中央官庁の担当者が「利用者本位」を語るのは、驚きでした。

では、「利用者」になる高齢の人たちは、介護保険をどう思っているのだろう。そんな素朴な疑問から一九九八年、はじめて電話相談を開設しました。二〇〇〇年には、スタートしたばかりのサービスをめぐる苦情の数々に、あたらしい制度への期待と不満を実感させられました。

そして二〇〇三年、介護保険の「五年後の大きな見直し」にむけて社会保障審議会が開かれました。はじめての傍聴では専門用語にとまどい、かろうじて聞きとったのは「ホームヘルパーがなんでもやってあげるから、かえって状態が悪化する」といった発言でした。地域で「支えあい活動」をする市民団体は、「これまでの善意の支援には限界がある」と制度への期待を語っていました。それなのに、「もっとよい制度にする」ための審議で、「利用者批判」を知ったのです。これをきっかけに、メールマガジン「市民福祉情報」の無料配信を本格化し、見直しのたびに勉強会などを企画し、国に要望書も提出してきました。

しかし、制度が複雑になるにつれて、電話相談には「このままでは将来が不安だ」という声が増え、「家計が破綻する」という訴えまであります。「利用者の自己決定、自己選択」の制度なのに、なぜ、「利用者」が困るのでしょうか。なぜ、介護をする家族が苦しむのでしょうか。

少子高齢化のなか、だれにも身近なものになりつつある「介護のある暮らし」について、みなさんと考えていきたいと思います。

なお、この本では、『もっと変わる! 介護保険』などで紹介してきたことを踏まえて、最新の改正を中心にしています。またデータの数値は概数にして、読みやすさを考えて「約」を省略しました。より詳しい数値は、出典の正式名称で検索することができます。

目　次

目次

5章　介護保険にかかるお金……131

序章　介護問題の社会化

介護保険が成立した背景には、急速に進む高齢化がありました。総人口に占める六五歳以上の割合を、「高齢化率」と呼びます。介護保険法が成立した一九九七年、高齢化率は一五・七％で、「高齢社会」（高齢化率が一四〜二一％）の入り口にいました。

介護保険がスタートして五年後の二〇〇四年、日本の人口は一億二七七八万人のピークを迎え、翌年から減少に転じました。人口は減っていますが、六五歳以上の人は増えつづけ、二〇一〇年に「超高齢社会」（高齢化率が二一％超）になりました。

二〇一七年、人口は一億二六七一万人とわずかに減りましたが、高齢化率は二七・七％まで上昇して、九〇歳以上の人がはじめて二〇〇万人を突破しました（図序-1）。

長く生きる人が増えた理由は、生活環境と栄養状態の改善、医療技術の進歩にあるといわれ

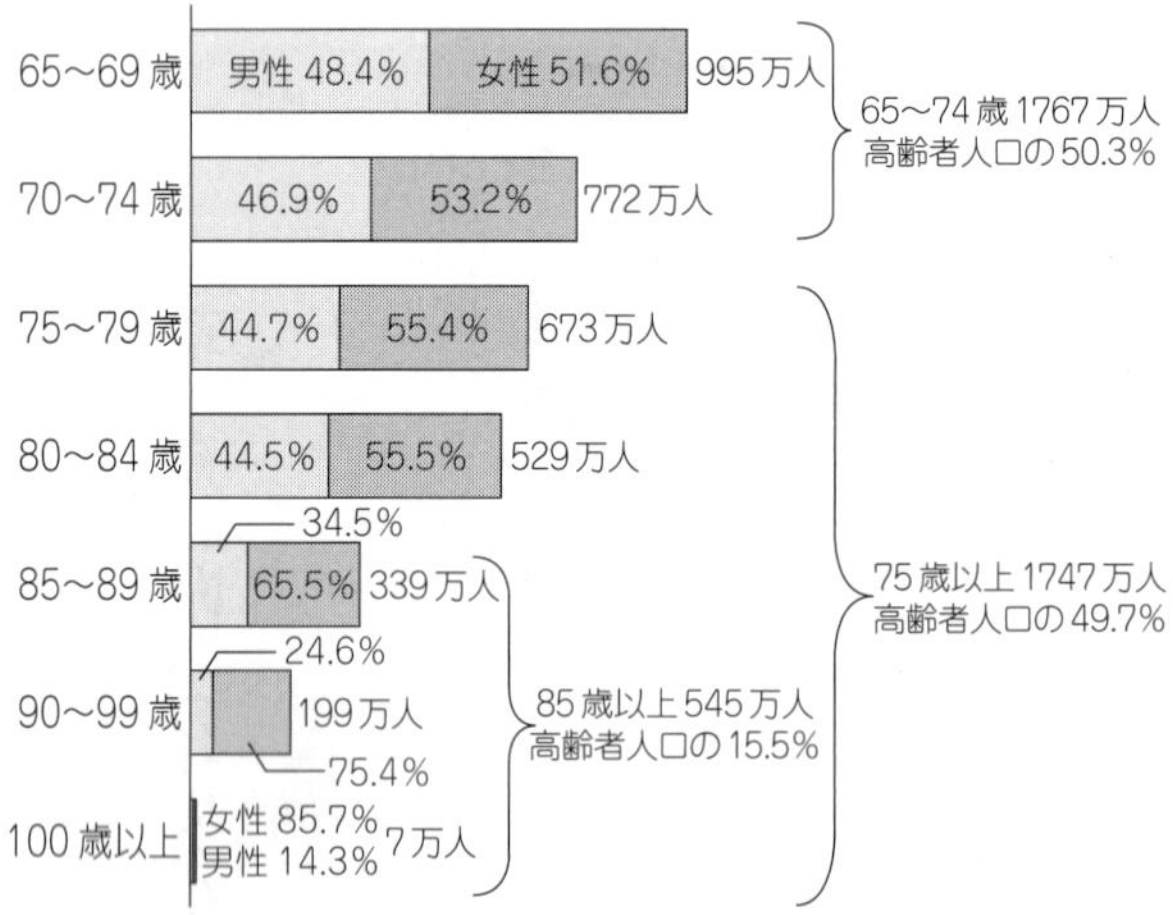

総務省「統計からみた我が国の高齢者(65 歳以上)」(2017 年 9 月 15 日推計)より作成.

図序-1　年代別の高齢者人口

ています。戦争のない平和で生きやすい社会になったからこそ、平均寿命が伸びているともいえます。

一方で、高齢による病気や障害のため、介護を必要とする人とともに、介護をする人も増えつづけています。

「含み資産」から「介護の社会化」へ

介護保険が登場したとき、「介護の社会化」という言葉がよく使われました。

一九七八年の『厚生白書』では、三世代世帯の「家庭機能」を評価して、親の介護をする同居家族を「福祉における含み資産」と呼びました。ですから、「介護の社

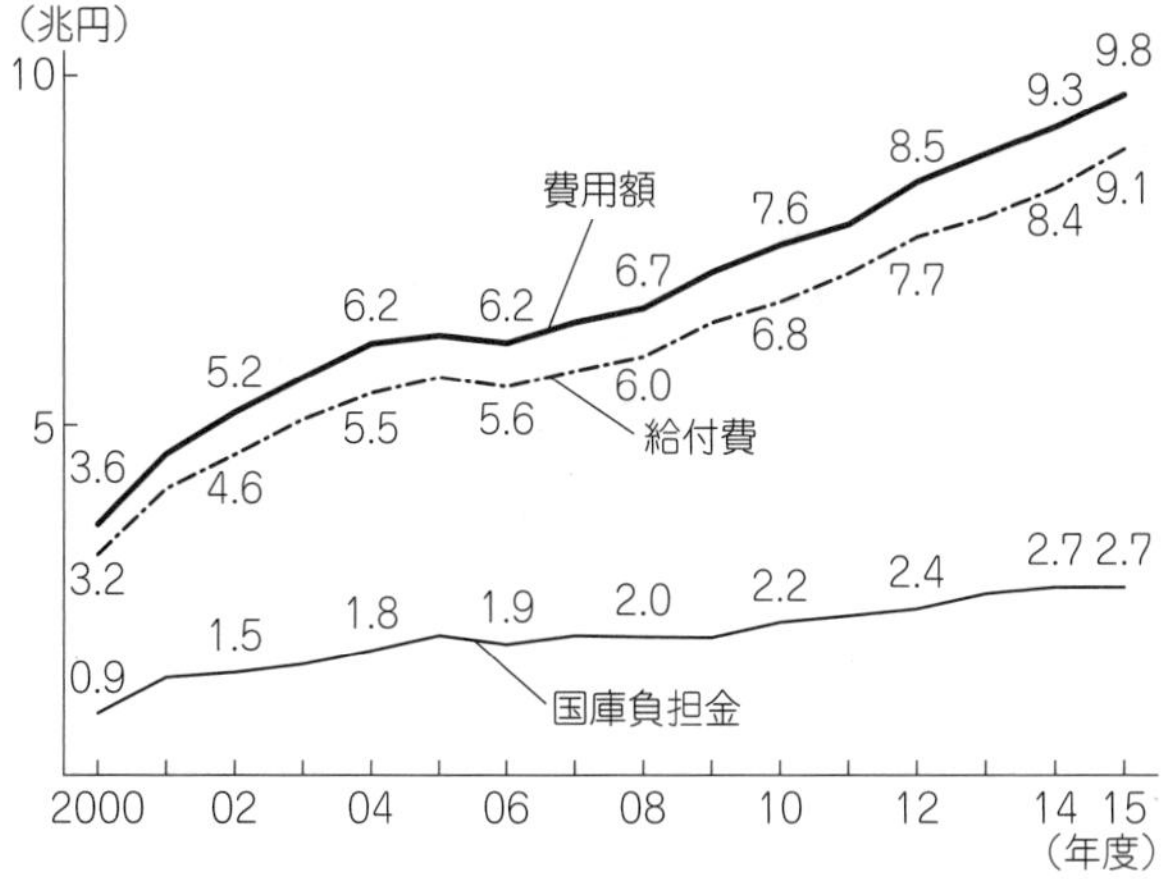

費用額と給付費は厚生労働省「介護保険事業状況報告(年報)」，国庫負担金は厚生労働省「予算案の主要事項」より作成.

図序-2 介護保険の費用額と給付費，国庫負担金

会化」をめざす介護保険は、家族が無償で提供していた「含み資産」を有償化して、実質資産にかえたともいえます。

実質資産ともいうべき介護保険の費用額は、三・六兆円(二〇〇〇年度)から九・八兆円(二〇一五年度)に増えました(図序-2)。では、「介護の社会化」はどのくらい、進んだのでしょうか。

まず、家庭のなかにとどまっていたさまざまな困難と課題が明らかになり、広く社会で共有されるようになりました。その意味では、「介護問題の社会化」は実現されたと思います。

しかし、現実はどうなのでしょうか。公表

されている行政の資料をもとに、みていきます(以下、厚生労働省のデータの場合は出典の表記を省略します)。

1　六五歳以上の人の暮らし

介護保険元年の二〇〇〇年、六五歳以上の人がいる世帯は、全世帯の三四%でしたが、二〇一四年には四七%まで増えました(内閣府『高齢社会白書』)。

大きな変化は、「子どもと同居」するタイプが減ったことです。一九八〇年には、子どもとの同居率は七割と多数派でしたが、二〇一四年には四割まで下がりました。『厚生白書』にならえば、「含み資産」は減りつづけています。

その一方で、高齢者世帯は、夫婦のみが四割、ひとり暮らしが二割になり、六五歳以上の人だけで暮らす世帯が過半数になりました。

「未婚の子」との同居が増えている

子ども夫婦や孫と暮らす「三世代世帯」は二〇一四年には、三一二万世帯で、二〇〇〇年とくらべて、四分の三に減りました。入れ替わるように、「親と未婚の子のみの世帯」が四七四万世帯と一四年前の二倍に増えました。

五〇歳の時点で、一度も結婚したことがない人の割合を「生涯未婚率」と呼びます。二〇一五年、生涯未婚率は男性が二三％、女性が一四％と報告されています。これらの人が「生涯未婚」をつづけると、二〇三〇年には「単身高齢者」になります。なお、二〇三〇年には、男女ともに、五〇歳のときの未婚割合は、五％上昇すると推計されています。

「未婚の子」といっても、働いている人もいるし、失業中の人や、「ひきこもり」の人など、さまざまです。「ひきこもり」は一五～三九歳までと定義されています。二〇〇二年の調査では、三〇歳以上の「ひきこもり」は一七万人と報告されました。調査から一七年が過ぎて、親世代の介護にかかわる機会が増える時期にきています。

なお、内閣府は二〇一八年度に、四〇～五九歳の中高年の「ひきこもり」の人への調査をはじめて実施する予定です。

老後をどう暮らしたいのか

内閣府の『国民生活に関する世論調査』(二〇一五年)は、老後をどう暮らしたいのかを調べています。二〇代から六〇代まで「子どもたちとは別に暮らす」が四割ですが、七〇歳以上は三割に減ります。そして、息子夫婦と「同居する」か「近くに住む」があわせて二割になります。娘夫婦と「同居する」か「近くに住む」はあわせて一割です。

また、内閣府の『高齢者の健康に関する意識調査』(二〇一二年度)によると、妻に介護してもらうことを希望する男性は九割で、圧倒的多数です。ところが、夫に介護を期待する女性は四割まで下がり、介護で頼りたいのは、子どもかホームヘルパーだと回答しています。

高齢者の家計

最初に紹介したように、高齢の人だけで暮らす世帯が六割になりましたが、経済状態はどうなっているでしょうか。

総務省は毎月、「家計調査」をしています。一年間をまとめた『家計調査年報(家計収支編)』は二〇一六年、六〇歳以上の無職世帯の月平均の赤字が、ひとり暮らしで三・六万円、高齢夫婦（夫六五歳以上、妻六〇歳以上）で五・五万円と報告しました。

高齢の人のほとんどは年金収入に頼っています。二〇一六年度は、国民年金のみだと、平均月額は五・五万円で、厚生年金の一四・六万円に比べて、九万円以上少ない状況にあります（『厚生年金保険・国民年金事業の概況』）。また、厚生年金には、企業年金（確定給付企業年金、厚生年金基金など）がプラスされる人もいるので、国民年金のみの人との所得の差はさらに開きます。

「介護サービス」への支出

総務省の『全国消費実態調査』は、五年ごとに総合的な家計調査をしていますが、二〇一四年にはじめて、介護保険の在宅サービスを利用する人の消費支出額を公表しました。

ひとり暮らし（平均年収二〇三万円）の「介護サービス」への支出は、月一万二〇五二円です。要介護認定（要介護1～5）の場合、在宅サービスのひとり当たり平均月額費用は一二万円です。自己負担（利用料）が一割であれば、一万二〇〇〇円になるので、ほぼ一致します。

二人以上の高齢者世帯（平均年収五九一万円）は、月八二〇六円の支出で、ひとり暮らしより、四〇〇〇円くらい減ります。また、子どもがいる場合は月九七三四円、子どもがいない場合は月一万六九六円です。配偶者や子どもなど、家族の無償労働の有無が、支出の差になっているのでしょうか。いずれにしても、在宅サービスへの支出額は、つつましいことがわかります。

公益財団法人家計経済研究所の『在宅介護のお金とくらしについての調査2016』では、介護保険の自己負担のほかに、介護食や寝具類、衛生用品などをふくめた「在宅介護の経常的費用」は、月平均で五万円と報告しています。また、「要介護度が高まるにつれて経常的費用も上昇している」ことを指摘しています(『家計経済研究』一一三号)。

貯金額には大きな開きがある

収入が少なくても、「高齢者には貯金がたくさんあるではないか」とよく言われます。

『家計調査年報(貯蓄・負債編)』は二〇一六年、二人以上の世帯についての調査で、六〇歳以上の世帯の平均貯金額は二三八五万円と報告しています。平均貯金額を超える人は三四%です。しかし、分布をみると、一〇〇〇万円未満が三八%、五〇〇万円未満が二二%、三〇〇万円未満が一五%になります。

また、貯蓄があったとしても、家計収支で赤字になった分を貯金の取り崩しでカバーしていれば、平均寿命が伸びるなかで、残高は減りつづけることになります。

なお、介護保険をふくむ社会保障の「負担と給付」の議論では、年金などの収入（キャッシュフロー）と預貯金などの資産（ストック）をきちんと把握する必要がある、とよく指摘されます。しかし、紹介した『家計調査』では、「家計収支編」と「貯蓄・負債編」にわかれ、調査の対象になる人も異なるため、ひとりの人の総合的な負担能力はわからないのが現状です。

生活保護の半数は高齢者世帯

『被保護者調査』によると、二〇一六年度に生活保護を利用したのは一六四万世帯（月平均）で、高齢者世帯が八四万世帯と、全体の半数をはじめて超えました。つぎに多いのは障害者・傷病者世帯の四三万世帯で、全体の約四分の一になります。

高齢者世帯が生活保護を利用する理由のトップは「預貯金の減少・消失」で、四二％と際立って多くなります。二番目は「傷病による」の一六％です。

生活保護は、生活扶助や住宅扶助、医療扶助などに支援がわかれていますが、介護保険の自己負担（利用料）をカバーする介護扶助を利用しているのは、三五万世帯です。

亡くなる場所は病院

どんなに元気な人でも、いずれは亡くなります。二〇一六年の『人口動態統計（確定数）の概況』では、全国で一三〇万七七四八人が亡くなっています。そのうち六五歳以上が一一七万八〇四人で、九割になります。

高齢の人が亡くなる原因の一位をみると、六五〜八九歳は「悪性新生物」（がん）です。しかし、九〇〜九四歳は「心疾患」、九五歳以上は「老衰」になります。

全世代にわたって、亡くなる場所のトップは病院と診療所で、合計すると七六％です。自宅（認知症グループホームとサービス付き高齢者向け住宅をふくみます）は一三％と少ない状況にあります。また、「老人ホーム」が七％、「介護老人保健施設」が二％です。

なお、二〇〇八年の『終末期医療に関する調査』では、「自宅で最期まで療養すること」はむずかしいと考える一般の人が約七割でした。その理由は、「介護してくれる家族に負担がかかる」がトップでした。

2　高齢の人の困難

二〇〇七年に刊行された『暴走老人！』（藤原智美著、文藝春秋）は、「キレる高齢者」が増えていることを指摘しました。翌年、法務省は『犯罪白書』で、「高齢犯罪者の実態と処遇」を特集しました。六五歳以上の犯罪件数は、若い世代よりは少ないのですが、高齢者人口の伸びをうわまわる増加率でした。

六五歳以上で検挙された五万人のうち、「窃盗」が六五％です。「窃盗」の八割は「万引き」です。なお、「暴行」と「傷害」の合計は六％と一割未満でした。

犯罪の背景には「孤独な生活」

『犯罪白書』は、犯罪に走る高齢者には、「住居が不安定」、「配偶者がなく、単身生活」、「親族との関係も希薄」といった特徴があると分析しました。犯罪の動機は、「孤独な生活」と「周囲から隔絶されている」なかで、「福祉的なサポートを受けない」ことにあるとしています。

東京都は万引きに関する有識者研究会（矢島正見座長）を設置して、二〇一七年、『高齢者による万引きに関する報告書』を公表しました。この報告書では、高齢の人の万引きに再犯が多いことを指摘しています。そして、約半数がひとり暮らしで、体力の衰えや「認知機能の低下」がみられること、「経済的、情緒的サポート」がないことを課題にあげています。

「孤立死」の表面化

介護保険がはじまったころから、ひとりで亡くなったあと、発見が遅れる「孤立死」がクローズアップされはじめました。

厚生労働省（厚労省）は二〇〇七年、高齢者等が一人でも安心して暮らせるコミュニティづくり推進会議（高橋紘士議長）を設置しました。翌年、公表された報告書では、ひとり暮らしや夫婦のみ世帯の高齢者だけでなく、失業や離婚をきっかけに「孤立」する中年層や「支援を望まない単身者」が増えて、「『孤立』した生活が一般化」していることを指摘しました。

また、「孤立死」には、亡くなったあとの片づけや「地域の波風」、マンションなどの資産価値への影響など、「社会的コストの増大」という課題もあるとしました。

二〇一〇年、東京都監察医務院は『東京都二三区における孤独死の実態』を公表しました。東京都監察医務院は、死体解剖保存法にもとづき、急性死や事故死の原因をつきとめるため、遺体の検案や解剖をおこなう機関です。

報告によると、東京都二三区では、「毎日一〇人前後が孤独死している」という数字がしめされました。男性は六〇代、女性は八〇代に集中し、とくに一九九七年前後から、高齢の男性のケースが急上昇しています。また、「孤独死」は避けられないけれど、死亡後はできる限り早く発見されるよう、「孤立死」にならない対策を講じる必要があると提言しています。

なお、このデータをもとに、株式会社ニッセイ基礎研究所は『セルフ・ネグレクトと孤立死に関する実態把握と地域支援のあり方に関する調査研究報告書』(二〇一一年)をまとめ、年間一万五六〇三人の高齢者が、死後四日以上たってから発見される「孤立死」をしている、その七割は男性になる、という全国推計を公表しました。

セルフ・ネグレクトと「ごみ屋敷」

「孤立死」する人の約八割は、セルフ・ネグレクト(自己放任)の状態にあるといわれています。

セルフ・ネグレクトにおちいる人はひとり暮らしがほとんどで、栄養不足で、必要なサービスを拒むため、生命にかかわる深刻な状況にありながら、社会的に孤立しているとされています。

また、セルフ・ネグレクトは、ごみとしか思えない物を家に大量にためこむ「ごみ屋敷」にもつながります。二〇〇九年、国土交通省は、『地域に著しい迷惑(外部不経済)をもたらす土地利用の実態把握アンケート』を公表し、全国の二五〇市区町村で、「ごみ屋敷」が発生していると報告しました。また、ごみ屋敷には、住んでいる人をどうするかというテーマだけでなく、①風景・景観の悪化、②悪臭の発生、③不法投棄の誘発など、社会的な課題もあるとしました。

二〇一三年、東京都足立区が「ごみ屋敷条例」を定め、二〇一五年には京都市が全国ではじめて、ごみ屋敷対策条例(京都市不良な生活環境を解消するための支援及び措置に関する条例)にもとづき、ごみの強制撤去(行政代執行)をおこないました。環境省は、二〇一七年、『高齢者ごみ出し支援ガイドブック』と『高齢者ごみ出し支援事例集』を公表し、市区町村に「ごみ出し支援制度」の普及を求めています。

なお、東邦大学の岸恵美子教授は、「ごみ屋敷」に暮らす人のセルフ・ネグレクトを解決するには、本人の生活スタイルを把握し、正しい情報と知識を提供することが必要としています。

そして、本人と信頼関係を築くのに「短くても一年くらい」はかかるとも指摘しています(『ルポ　ゴミ屋敷に棲む人々』幻冬舎新書)。

消費者被害を隠す高齢者

六五歳以上の人が、特殊詐欺などの消費者被害にあうケースが増えています。二〇一七年の特殊詐欺による被害は一万八二一二件で、被害額は三九五億円、被害者の七割は六五歳以上の人です(警察庁『二〇一七年の特殊詐欺認知・検挙状況等について』)。

被害にあった高齢の人は、損害のショックと、だまされたことを恥じる気持ちから、被害にあったことを隠そうとする「解決を望まないセルフ・ネグレクト」におちいりがちになるそうです。また、被害にあった人を放置しておくと、悪質事業者のあいだでリストがまわされて、二次被害にあう可能性が高く、見守りが必要とも指摘されています。

なお、内閣府の『特殊詐欺に関する世論調査』(二〇一七年)では、七〇歳以上の八割が、「自分は被害にあわない」と回答しています。「だまされない自信がある」という回答も、二〇代より、六〇代以上のほうが多く、現実と意識のギャップが浮き彫りになっています。

高齢化するホームレスの人たち

厚労省は、ホームレスの自立の支援等に関する特別措置法にもとづいて、二〇〇三年から毎年、『ホームレスの実態に関する全国調査(生活実態調査)』をおこなっています。

二〇一六年の調査では、対象になった人の平均年齢は六一・五歳で、六五〜六九歳が二三%、七〇歳以上が二〇%です。二〇一二年の調査に比べて、六五歳以上の人が増えています。

そして、路上での生活が一〇年以上になる人が全体の三五%になり、長期化していることも指摘されています。

自殺する理由は「健康問題」

日本では、自殺者が年間三万人を超えることが社会問題になり、二〇〇七年に自殺総合対策大綱が閣議決定されました。その後、二〇一七年には、自殺した人は二万一三二一人まで減りました(警察庁『二〇一七年中における自殺の状況』)。しかし、厚労省は「年間自殺者数は減少傾向にあるが、非常事態はいまだ続いている」としています。

高齢の人の自殺をみると、六〇歳以上が八五二一人で、一日平均、二三人を超える人がみずから命を絶っていることになります。全世代では、自殺者は男性が七割ですが、六〇歳以上になると六割に下がり、女性の割合が増えます。

自殺する理由でもっとも多いのは、二〇代以上のすべての年代で「健康問題」です。

政府や厚労省は、自殺総合対策の重点施策のひとつに「社会全体の自殺リスクを低下させる」ことを挙げています。しかし、その一方で、「健康寿命の延伸」が、国家的な目標です。安倍晋三内閣は『未来投資戦略二〇一七』で、「健康寿命を更に延伸し、世界に先駆けて生涯現役社会を実現させる」としています。

とはいえ、二〇〇一年と二〇一六年の比較では、健康寿命と平均寿命の伸びは、ほぼ同じで、「健康ではない期間」が短くなっているわけではありません（社会保障審議会医療保険部会第一一一回資料1-2）。

運動やリハビリテーションにはげみ、「健康寿命」を伸ばすことが、人生の喜びにつながるのはいいことです。しかし、健康寿命を伸ばしても、「健康ではない期間」は確実にあるのです。「健康ではない」ことを否定的にとらえる人が増えるのは、病気や障害のある人への差別や偏見を広げて、「自殺リスク」を増やすおそれもあるのではないでしょうか。
いま、必要なのは、「健康ではない期間」の暮らしを公的にサポートすることだと思います。

（追記）

「健康寿命」について二〇一九年、厚生労働省の二〇四〇年を展望した社会保障・働き方改革本部は、「二〇四〇年までに健康寿命を男女ともに三年以上延伸し（二〇一六年比）、七五歳とすることを目指す」として、「介護予防・フレイル対策、認知症予防」を挙げました。同年五月、健康保険法などの改正で、「高齢者の保健事業と介護予防の一体的な実施」をすることになりました。後期高齢者医療保険制度の保健事業を、二〇二一年度から介護保険の一般介護予防事業（地域支援事業）に移す予定です。

具体的な内容は二〇二〇年の介護保険法の改正案に委ねられ、改正案の骨格をまとめた社会保障審議会介護保険部会は『介護保険制度の見直しに関する意見』で「介護予防・健康づくりの推進（健康寿命の延伸）」を挙げ、介護保険で運営する一般介護予防事業で、サービスを必要としていない高齢者を対象に、市区町村ごとに「通いの場」などを充実させるとしています。

1章　介護保険を利用する人たち

序章で、介護保険がはじまるとともに、「介護問題の社会化」が進んできたことを紹介しました。ここからは制度について、具体的な説明をします。

介護保険料を払っている加入者は、「被保険者」と呼ばれます。被保険者は、日本に暮らす四〇歳以上のすべての人で、七四四九万人(四〇～六四歳の第二号被保険者の集計が公表されている二〇一三年度調査になります)です。総人口の六割が、介護保険に加入しています。

しかし、サービスを利用するには、介護保険の運営に責任を持つ市区町村(保険者)に、介護認定(要支援認定、要介護認定)を申し込み、審査を受けて、はじめてサービスを利用する権利(受給権)を得ます。

では、介護認定を受けているのは、どのような人たちでしょうか。

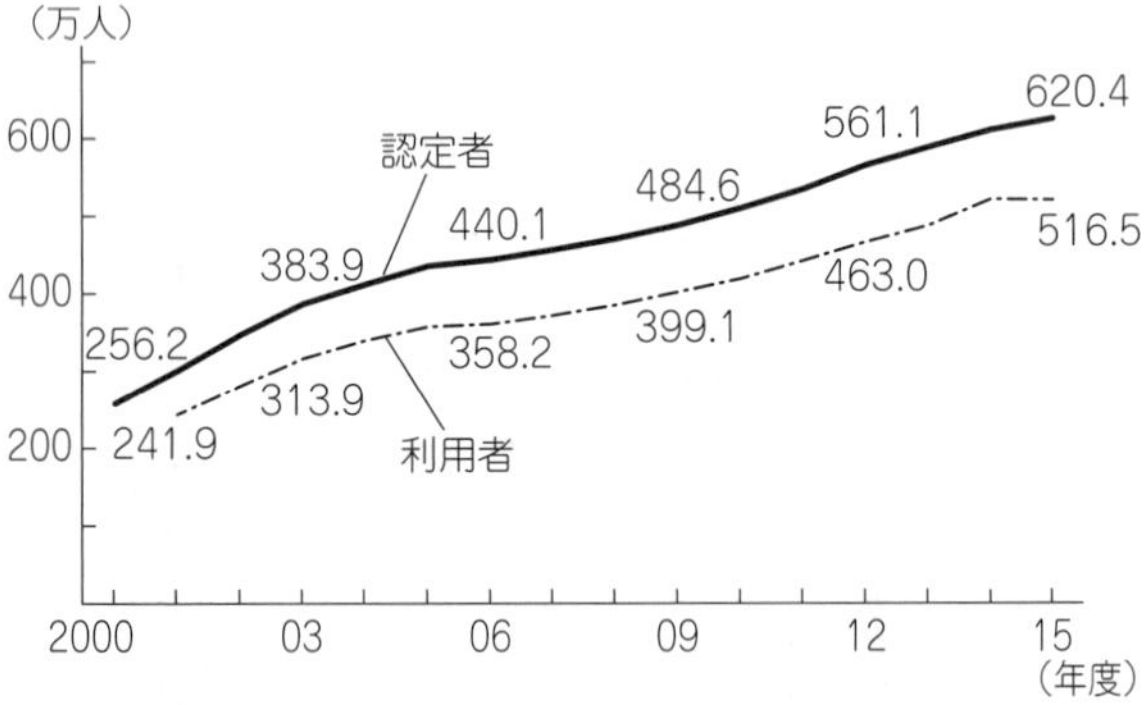

認定者は厚生労働省「介護保険事業状況報告(年報)」(各年度末3月調査),利用者は厚生労働省「介護給付費等実態調査月報」(各年4月審査分)より作成.

注:「介護給付費等実態調査月報」(各年4月審査分)は,3月調査です.2000年度は市区町村のデータがそろっていないので,利用者数は省略しました.

図1-1　増えつづける認定者と利用者

1　介護認定を受けた人たち

介護認定を受けた人(認定者)は、サービスがはじまった二〇〇〇年度は二五六万人でしたが、二〇一五年度には六二〇万人に増えました(図1-1)。男性が一九二万人、女性が四二八万人で、女性が七割になります。

認定を受けた人は、一六年間で二・五倍になりました。しかし、すべての被保険者(七四四九万人)でみれば八%にすぎません。

年齢別では、認定を受けた人のうち、第二号被保険者(四〇～六四歳)は二%です。

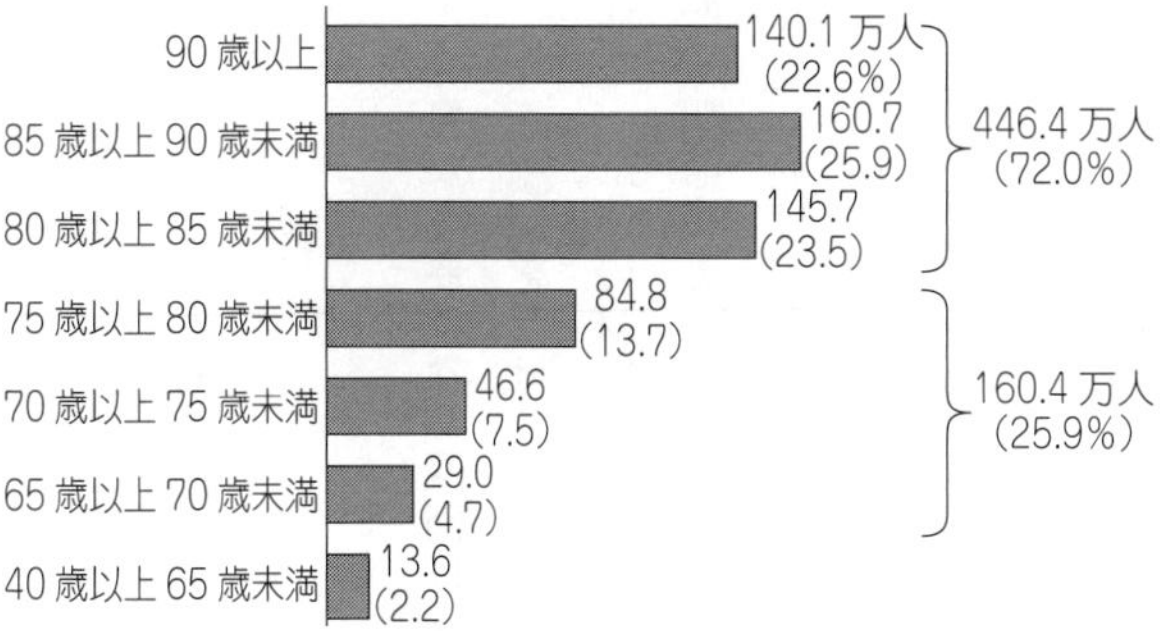

厚生労働省「2015 年度介護保険事業状況報告(年報)」より作成.

図 1-2　年齢別の認定者

第一号被保険者（六五歳以上）は九八％になります（図1-2）。

認定を受けているのは高齢の人がほとんどです。しかし、二〇一五年度に第一号被保険者は三三八二万人もいます。第一号被保険者の認定率でみれば一八％で、のこる八割以上の人は自立（非該当）とみなされていることになります。

認定者は八〇歳以上が中心

「高齢者」とひとことで呼びますが、六五歳からはじまり、最高齢は一一六歳（二〇一八年六月現在）まで、半世紀以上の年齢差があります。

「後期高齢者」とも呼ばれる七五歳以上の人のうち、認定を受けた人は五三一万人です。認定者の八六％になり、七五歳以上の人口（一六三七万人）のほぼ三割です。

二〇一三年に日本人の平均寿命は、男性が八〇・二一年、女性が八六・六一年で、ともに八〇代になりました。二〇一五年度に、八〇歳以上で認定を受けたのは四四七万人で、認定者の七二％です。これは、八〇歳以上の人口の約半数になります。また、九〇歳以上の人口のほぼ八割が、認定を受けています。

介護が必要になる原因はさまざま

介護認定を受ける理由はさまざまですが、「介護が必要となった主な原因」のトップは認知症で、二位の脳血管疾患（脳卒中）とともに二大要因です。そして、高齢による衰弱、骨折・転倒、関節疾患とつづきます（図1-3）。

認知症は「老いにともなう病気の一つ」とされ、アルツハイマー型や、脳血管型、レビー小体型など原因となる病気によってタイプは変わりますが、記憶や判断力などに障害があり、「六ヵ月以上、社会生活や対人関係に支障が出る状態」と定義されています（『みんなのメンタルヘルス』総合サイトより）。

脳血管疾患もまた、脳梗塞、脳出血、くも膜下出血など原因は多様で、マヒや言語障害、意

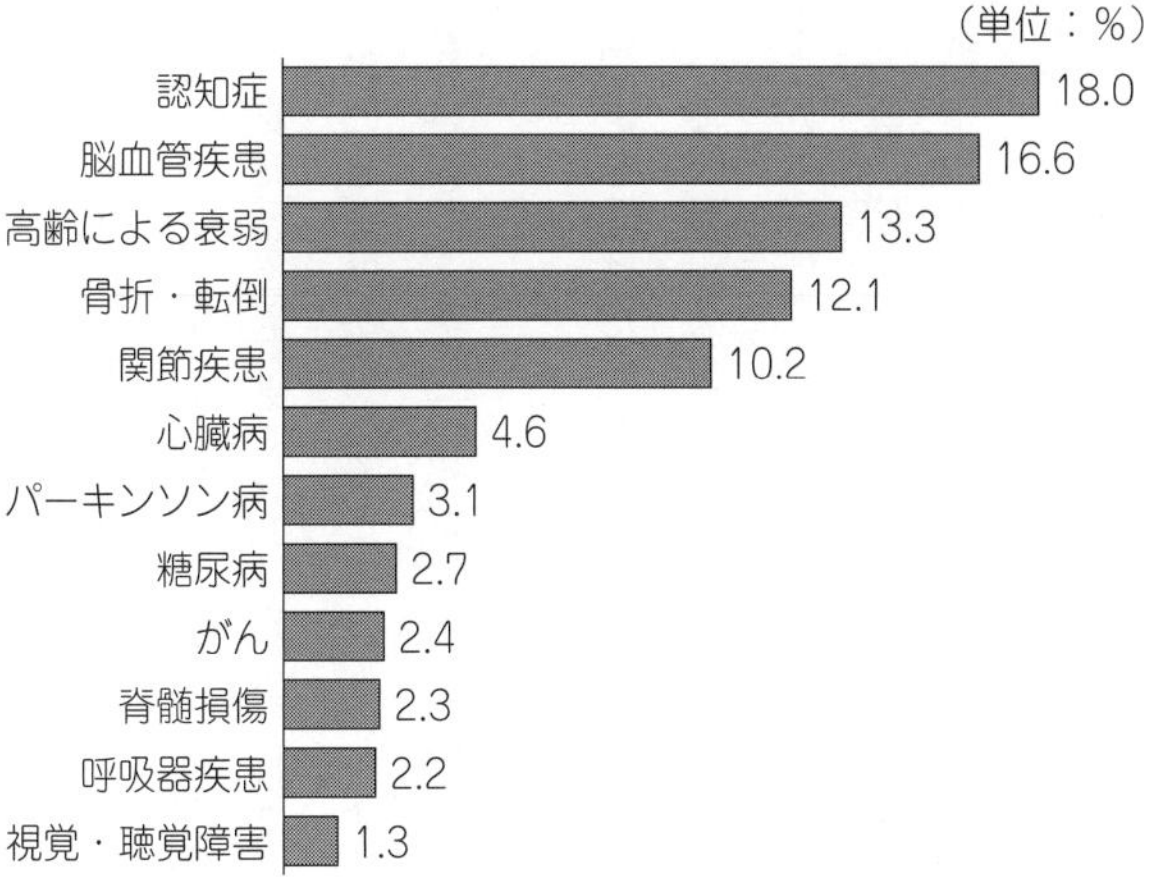

厚生労働省「2016年国民生活基礎調査の概況」の「Ⅳ.介護の状況」より作成.

注1：「介護の状況」は2001年から3年ごとに調査がおこなわれています.

注2：脳血管疾患(脳出血，脳梗塞など)は2001年調査から1位でしたが，2016年調査で認知症が1位になりました．パーキンソン病は難病(特定疾病)に指定されています.

図1-3 「介護が必要となった主な原因」

識障害などが残ります。

骨折・転倒では、骨粗鬆症(こつそしょうしょう)(骨密度の低下により、骨折のリスクが高くなる骨疾患)がおもな原因になり、六〇歳以上の女性に多いとされています(介護予防の推進に向けた運動器疾患対策に関する検討会『報告書』より)。

関節疾患は変形性関節症、関節リウマチなどで、痛みをともないます(長寿医療研究センター病院レター『高齢者の関節疾患』より)。

なお、身体障害者手帳を持つ人の七割は、六五歳以上の人です。

介護認定では、身体障害の程度について、「障害高齢者の日常生活自立度（寝たきり度）」という基準で判定します（表1-1）。

また、「介護が必要となった主な原因」は、認定ランクによっても変わります。認定ランクは、要支援認定（要支援1、2）から要介護認定（要介護1〜5）まで7段階で、数字が増えるほど介護の必要度があがるとされています。要支援認定の人は、リウマチなどの関節疾患と高齢による衰弱が、要介護認定の人は、認知症と脳血管疾患が多くなります（図1-4）。

認定を受けた人の半数以上は認知症

介護保険がスタートしたとき、「介護が必要となった主な原因」のなかで、認知症は六位でしたが、二〇〇七年以降は二位がつづき、二〇一六年に一位になりました。

介護認定では、認知症の状態を「認知症高齢者の日常生活自立度」という基準で判定します（表1-2）。なお、社会保障審議会の資料で認知症と集計されるのは、九段階の自立度のうち、Ⅱ以上の人です。

二〇一〇年、認知症の人は四四〇万人で、サービスを利用しているのは二八〇万人、のこる

表 1-1 「障害高齢者の日常生活自立度」は 8 段階

<table>
<tr><th colspan="3">障害高齢者の日常生活自立度(寝たきり度)</th></tr>
<tr><td>生活自立</td><td>ランクJ</td><td>何らかの障害等を有するが，日常生活はほぼ自立しており独力で外出する
1. 交通機関等を利用して外出する
2. 隣近所なら外出する</td></tr>
<tr><td>準寝たきり</td><td>ランクA</td><td>屋内での生活は概ね自立しているが，介助なしには外出しない
1. 介助により外出し，日中はほとんどベッドから離れて生活する
2. 外出の頻度が少なく，日中も寝たり起きたりの生活をしている</td></tr>
<tr><td rowspan="2">寝たきり</td><td>ランクB</td><td>屋内での生活は何らかの介助を要し，日中もベッド上での生活が主体であるが，座位を保つ
1. 車いすに移乗し，食事，排泄はベッドから離れて行う
2. 介助により車いすに移乗する</td></tr>
<tr><td>ランクC</td><td>1 日中ベッド上で過ごし，排泄，食事，着替において介助を要する
1. 自力で寝返りをうつ
2. 自力では寝返りもうてない</td></tr>
<tr><td colspan="3">※判定に当たっては，補装具や自助具等の器具を使用した状態であっても差し支えない．</td></tr>
</table>

厚生労働省「認定調査員テキスト 2009 改訂版(2018 年 4 月改訂)」より引用.

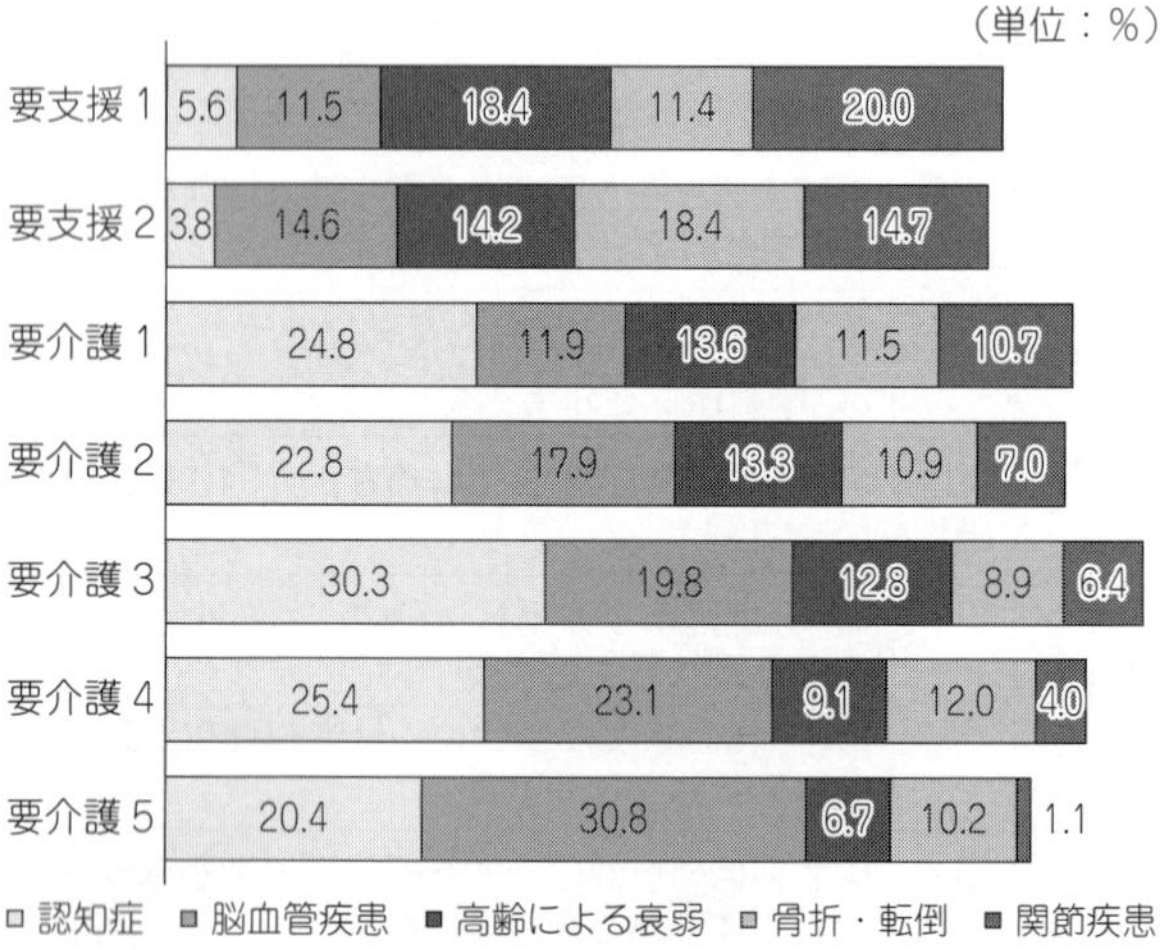

厚生労働省「2016年国民生活基礎調査の概況」の「Ⅳ. 介護の状況」より作成.

図 1-4　認定ランク別の「介護が必要となった主な原因」

一六〇万人が利用していないと報告されました。

また、最近では、「軽度認知障害」、MCI(Mild Cognitive Impairment)という分類もあります。「認知症ほどではないけれど、正常な『もの忘れ』よりも記憶などの能力が低下している」という中間的なレベルの人が、三八〇万人もいると報告されています。

内閣府の『二〇一七年版高齢社会白書』には、認知症の人が四六二万人(二〇一二年)になり、「高齢者の約七人に一人」になったとあります。なお、厚労省は、認知症の人は二〇二五年には六〇二

表 1-2 「認知症高齢者の日常生活自立度」は 9 段階

認知症高齢者の日常生活自立度		
ランク	判断基準	見られる症状・行動の例
Ⅰ	何らかの認知症を有するが，日常生活は家庭内及び社会的にほぼ自立している．	
Ⅱ	日常生活に支障を来たすような症状・行動や意思疎通の困難さが多少見られても，誰かが注意していれば自立できる．	
Ⅱa	家庭外で上記Ⅱの状態がみられる．	たびたび道に迷うとか，買物や事務，金銭管理などそれまでできたことにミスが目立つ等
Ⅱb	家庭内でも上記Ⅱの状態が見られる．	服薬管理ができない，電話の応対や訪問者との対応などひとりで留守番ができない等
Ⅲ	日常生活に支障を来たすような症状・行動や意思疎通の困難さが見られ，介護を必要とする．	
Ⅲa	日中を中心として上記Ⅲの状態が見られる．	着替え，食事，排便，排尿が上手にできない，時間がかかる．やたらに物を口に入れる，物を拾い集める，徘徊，失禁，大声・奇声をあげる，火の不始末，不潔行為，性的異常行為等
Ⅲb	夜間を中心として上記Ⅲの状態が見られる．	ランクⅢa に同じ
Ⅳ	日常生活に支障を来たすような症状・行動や意思疎通の困難さが頻繁に見られ，常に介護を必要とする．	ランクⅢに同じ
M	著しい精神症状や問題行動あるいは重篤な身体疾患が見られ，専門医療を必要とする．	せん妄，妄想，興奮，自傷・他害等の精神症状や精神症状に起因する問題行動が継続する状態等

厚生労働省「認定調査員テキスト 2009 改訂版(2018 年 4 月改訂)」より引用．

万人、二〇四〇年には八〇二万人まで増えると推計しています（『認知症の人の将来推計について』）。

なぜ、サービスを利用しないのか

介護認定を受けた人のなかで、実際にサービスを利用している人は、「利用者」あるいは「受給者」（給付を受ける者）と呼ばれます。二〇一五年度は五一七万人で、認定を受けた六二〇万人のうち、八三％が利用しています（図1-1）。しかし、残る一〇三万人、一七％の人は、サービスを利用していません。

「利用しなかった理由」を唯一、調べているのが『国民生活基礎調査の概況』の「介護の状況」です。二〇一三年の調査では、「家族介護でなんとかやっていける」、「介護が必要な本人でなんとかやっていける」という回答がもっとも多いと報告されています。なお、「介護の状況」は三年ごとに調査されていますが、直近の二〇一六年の調査では、「利用しなかった理由」の項目はありませんでした。

在宅サービスを利用する人が多数

介護保険にはサービスの種類がたくさんありますが、在宅サービス、施設サービス、二〇〇六年に新設された地域密着型サービスにわかれています（表4-6）。

二〇〇一年度から一五年間で、特別養護老人ホームなどの施設サービスを利用する人は三割から二割に減りました。一方、自宅などで在宅サービス（ホームヘルプ・サービスやデイサービス、福祉用具レンタルなど）を利用する人が八割を超えました（図1-5）。

2　介護をする人たち

介護を必要とする人のまわりには、配偶者や家族、親族、あるいは友人、知人など、さまざまな介護をする人（介護者）がいます。

総務省の『就業構造基本調査』は五年ごとに公表されますが、二〇一二年、介護をする人は五五五七万人と報告しました（世代別は図1-6を参照）。

五五五七万人のうち、働いている人は二九一万人で、全体の半数を少し超えていました。五〇

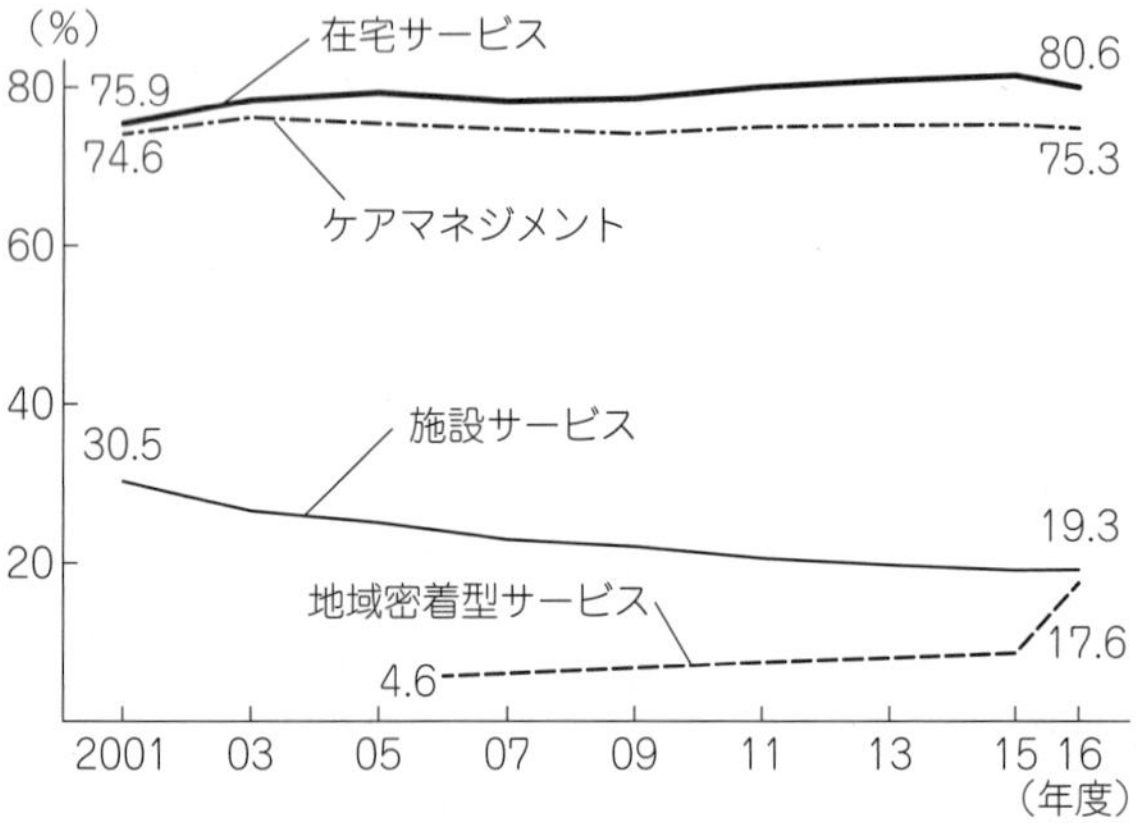

厚生労働省「介護給付費等実態調査の概況」の「受給者の状況」より作成.
注1：利用割合は年間実受給者数(1年間に一度でもサービスを利用した人)で計算しました. 2種類以上のサービスの利用や移動があるため, 合計は100%を超えます. 地域密着型サービスは2005年の介護保険法改正で新設され, 2006年度から集計があります.
注2：在宅サービスは複数を組みあわせた利用があるので, ケアマネジメント(4章の6参照)の利用割合より多くなります.

図1-5　サービスを利用する人の割合

代と六〇代でみると、男性は八六万人、女性は一〇三万人が働く介護者です。仕事をもたずに介護をしている人は二六七万人で、女性が一九七万人と、男性の二倍以上になります。

介護者は六九九万人

総務省には、『社会生活基本調査』もあります。二〇一六年、一五歳以上で介護をしている人は六九九万人に増え、人口の七%になったと推定しました。男性が二七八万人、女性が四二一万人で、女

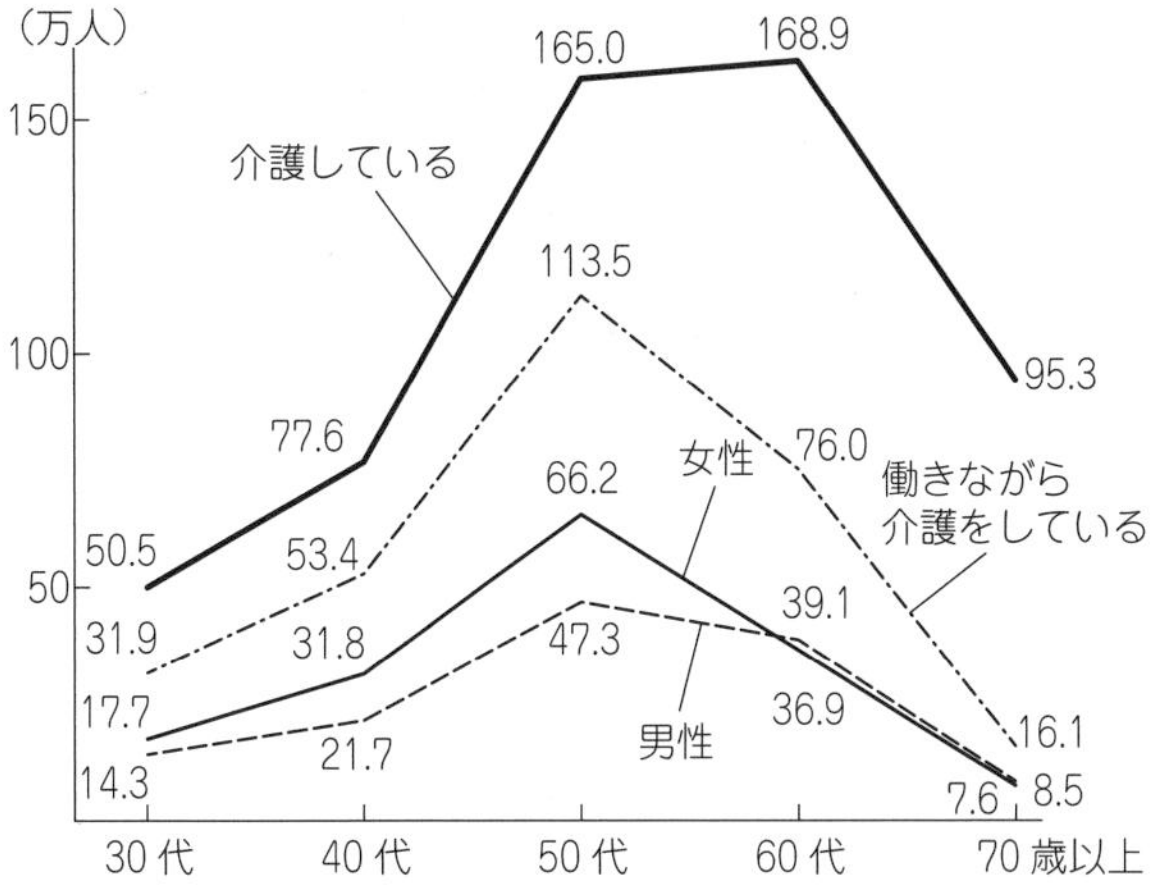

総務省「2012 年就業構造基本調査」より作成.
注 1：調査では介護者は合計 557 万人で，女性 357 万人(64%)，男性 201 万人(36%)と報告されています.
注 2：男性と女性は，働きながら介護をしている人数です.
注 3：「就業構造基本調査」は 5 年ごとの調査で，2017 年調査は 2018 年 7 月末に公表予定です.

図 1-6　働く介護者は 50 代が中心

性の介護者が六割です(図1-7)。

年代別ではやはり、五〇代と六〇代が中心で、全体の六割になります。また七〇歳以上で介護をしているのは一三七万人で、全体の二割になりました。

介護者の生活時間

『社会生活基本調査』は、「一日の生活時間の配分」(週全体平均)も調べています。

働いているかどうかを問わず、介護をしている人が一日に使う「介護・看護の時間」は二時間二九分で

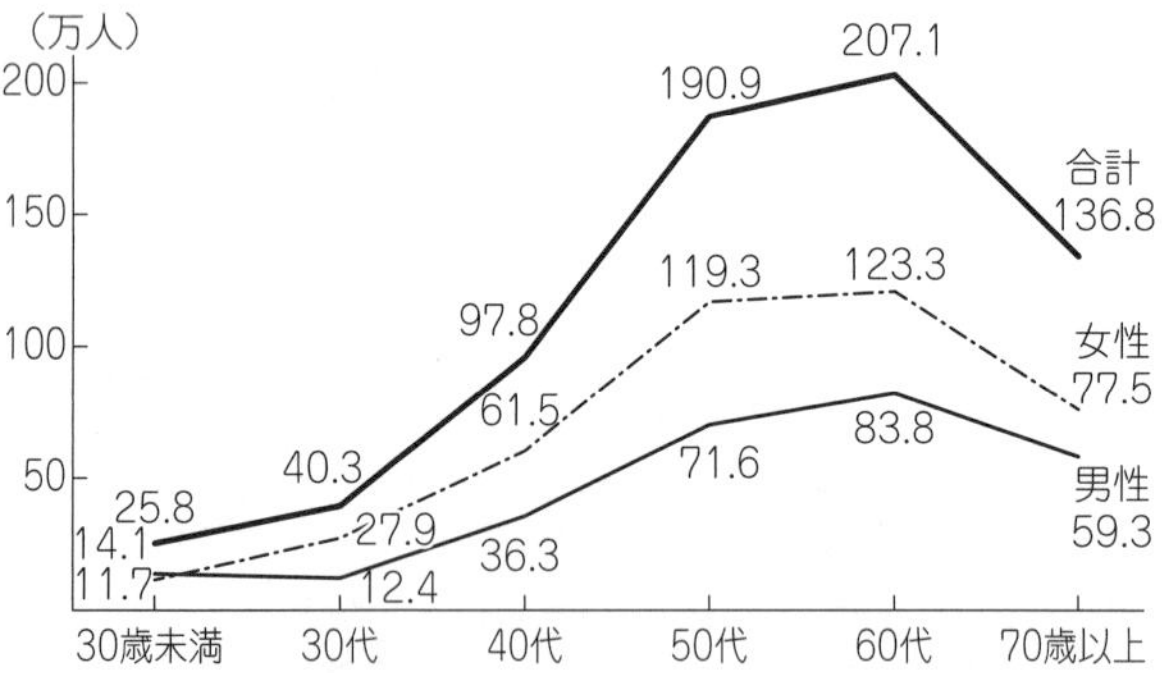

総務省「2016年社会生活基本調査」第6表「男女，介護の有無，年齢，行動の種類別総平均時間」より作成.
注：15歳以上の介護者は698.7万人で，女性421.1万人(60.3%)，男性277.6万人(39.7%)と推定されています.

図1-7　介護者は50代と60代が中心

す。男性は二時間三二分、女性は二時間二八分です。また、「家事の時間」は、男性は四一分、女性は三時間二二分です。

介護をしている人の「介護・看護の時間」と「家事の時間」を合計すると四時間四七分になります。介護をしていない人の「家事の時間」は一時間二三分なので、介護をしている人は、三倍以上の時間を必要としています。

なお、仕事をもたず、育児や介護、家事に無償で従事する女性を「専業主婦」と呼びますが、一九八〇(昭和五五)年、「専業主婦世帯」(男性雇用者と無業の妻からなる世帯)は一一一四万世帯、「共働き世帯」は六一四万世帯で、二倍の開きがありました。しかし、二〇一七年、「専業主婦世帯」は

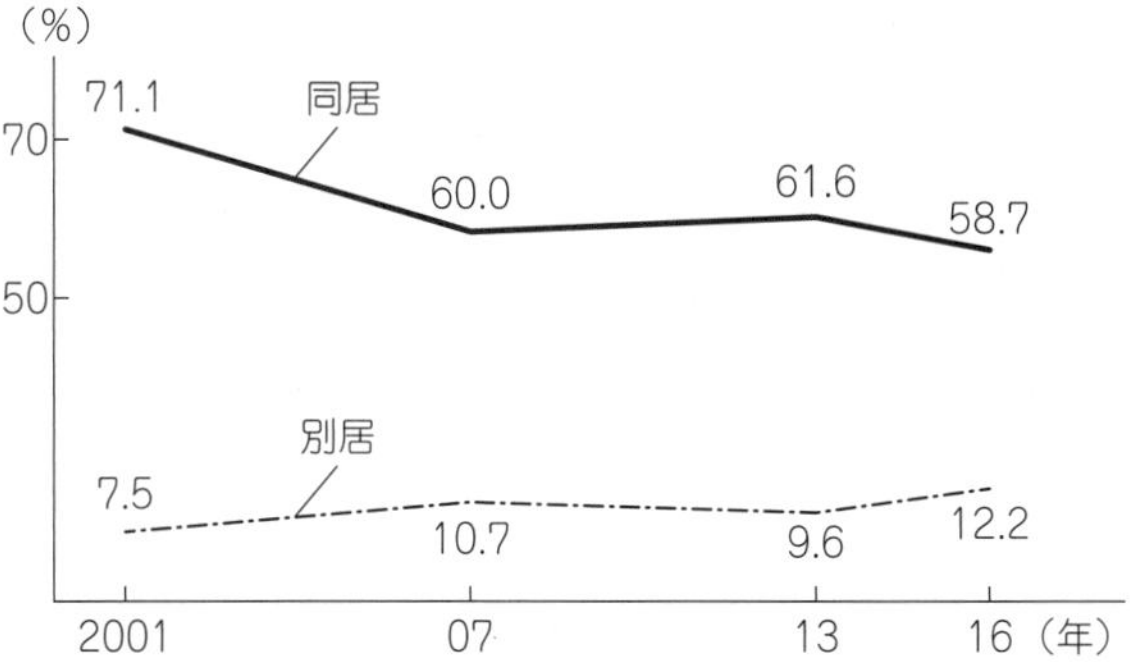

厚生労働省「国民生活基礎調査の概況」の「IV．介護の状況」より作成．

注：調査では「同居」と「別居」のほか，「事業者」(13.0%)，「不詳」(15.2%)があります．

図 1-8　「同居介護」は減少傾向

六四一万世帯、「共働き世帯」は一一八八万世帯になり、逆転しました（独立行政法人労働政策研究・研修機構『専業主婦世帯と共働き世帯』）。介護をするために、生活時間をやりくりする人は、さらに増えていくと思われます。

「老老介護」の増加

介護をする人の暮らし方には、介護が必要な人といっしょに暮らす「同居介護」と、離れて暮らす「別居介護」があります。介護保険がはじまったばかりの二〇〇一年、「同居介護」は七割でしたが、二〇一六年には六割に下がり、交替するように「別居介護」が増えています（図1-8）。

同居介護のうち、介護をする人の四割が配偶者、

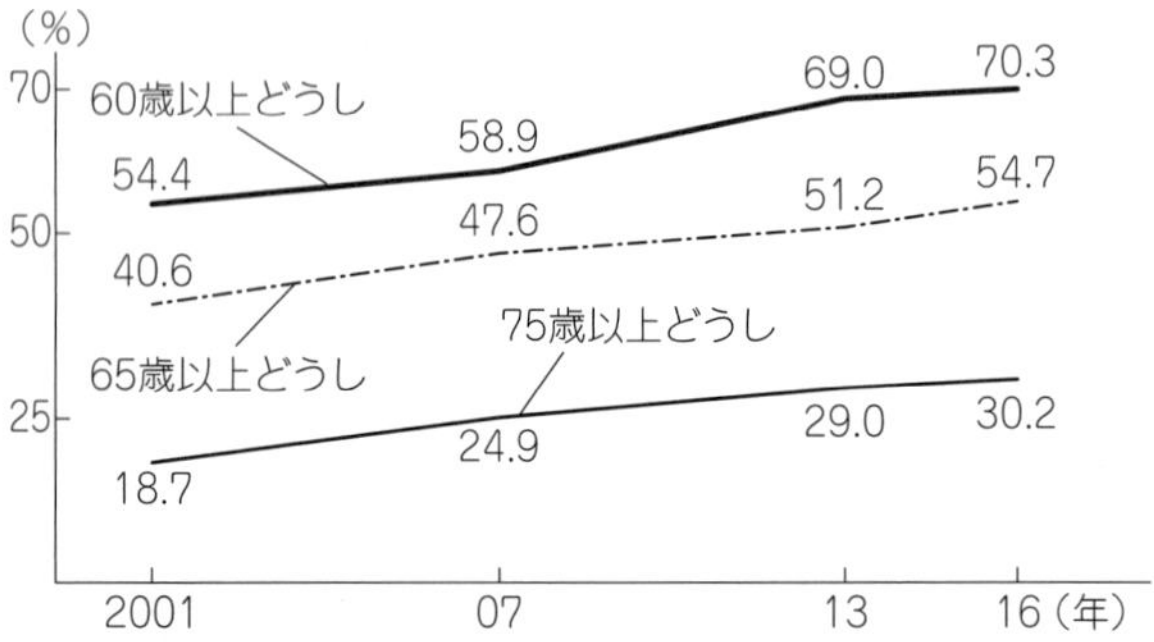

厚生労働省「国民生活基礎調査の概況」の「IV. 介護の状況」より作成.
注:「同居の主な介護者と要介護者等の組合わせ」です。

図 1-9 「同居介護」の高齢化

つまり「夫婦介護」です。この場合、配偶者は女性が七割になります。

「夫婦介護」では、介護を必要とする人と介護をしている人が、ともに六五歳以上という「老老介護」が五五%です。なかでも、ともに七五歳以上が増えつつあります(図1-9)。

電話相談「介護保険ホットライン」(介護保険ホットライン企画委員会、以下「電話相談」)では、六五歳以上の子どもが九〇代の親を介護している、あるいは、ともに高齢になった「きょうだい介護」の事例も寄せられています。

介護保険がはじまったころ、「同居介護」で二番目に多いのは「同居する子の配偶者」、つまり〝お嫁さん〟でしたが、この一六年間で半減しました。増えて

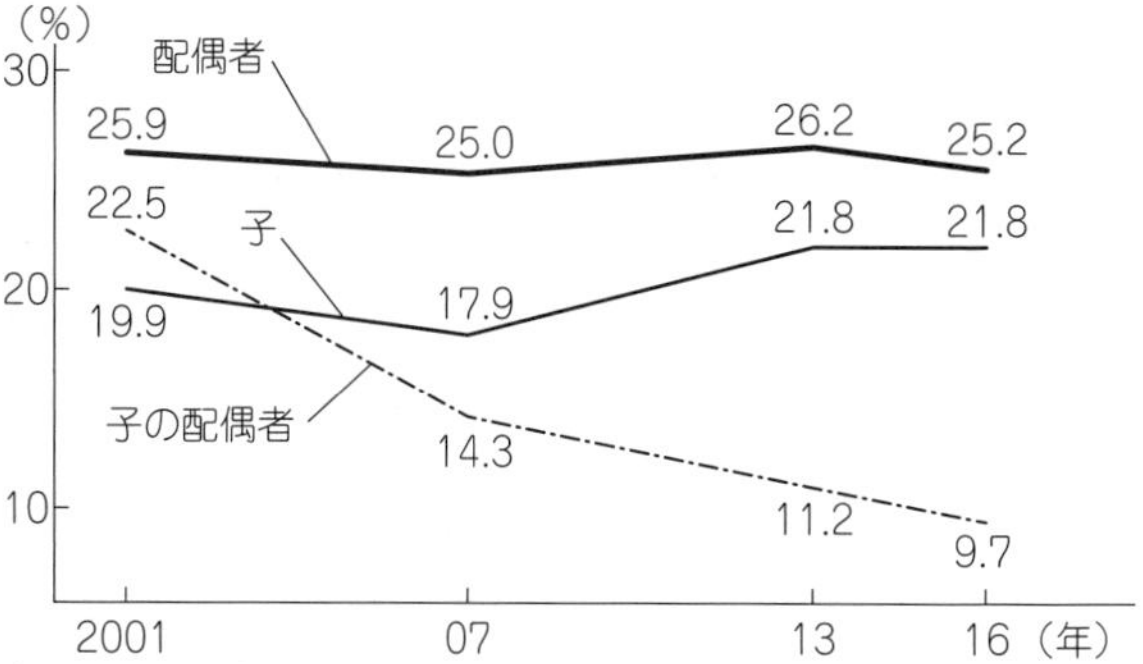

厚生労働省「国民生活基礎調査の概況」の「IV. 介護の状況」より作成.
注：同居する介護者の「続柄別の構成割合」です.

図 1-10　「同居介護」は子が増加

いるのは、「同居する子」になります（図1-10）。

「男性介護者」は三割

「同居介護」では、「男性介護者」が二〇〇一年の二割から、二〇一六年には三割に増えました（図1-11）。年代別にみると、六〇代が三割、七〇代以上が四割です。

一般社団法人全国介護者支援協議会の調査では、男性が介護をするときに直面する特徴的な課題として、「食事・洗濯・掃除など、生活技能の不足」と、「介護による不安や問題をひとりで抱え込みやすい」ことを挙げています。

また、四〇歳未満の同居する「男性介護者」は二%です。二〇〇四年に芥川賞を受賞した『介護入

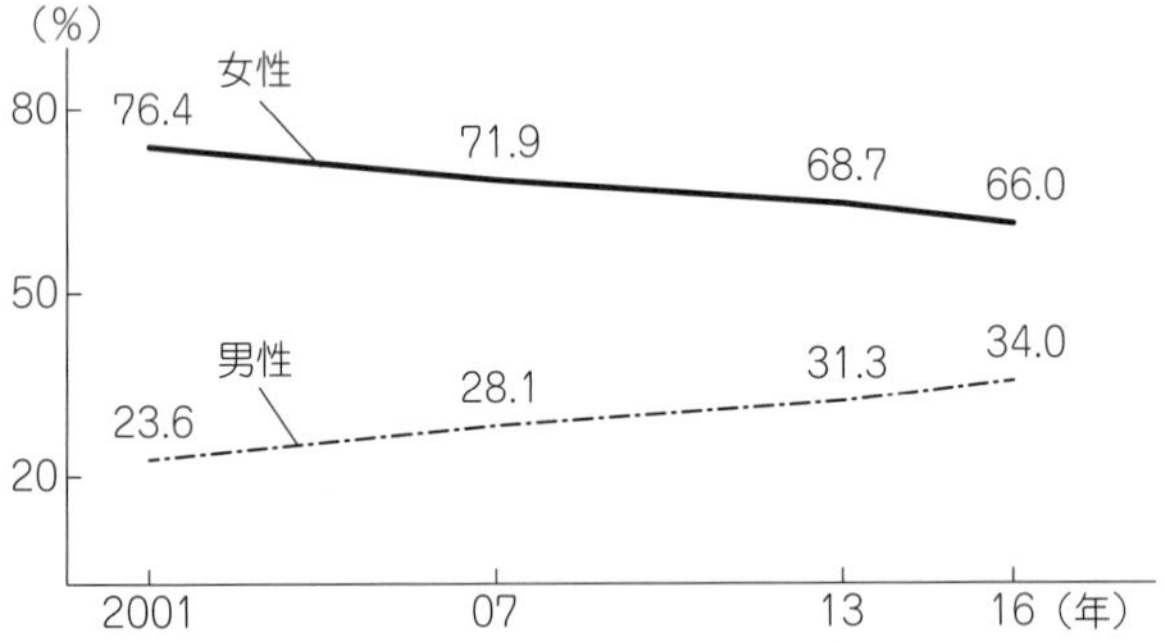

厚生労働省「国民生活基礎調査の概況」の「IV. 介護の状況」より作成.
注:同居する介護者の「性別の構成割合」です.

図 1-11 「男性介護」が増加

門』(文春文庫)のモブ・ノリオさんは、母親とともに祖母の介護をしている主人公を描きました。二〇一五年に同じく芥川賞を受賞した羽田圭介さんによる『スクラップ・アンド・ビルド』(文藝春秋)も、両親とともに祖父の介護をしている主人公が登場します。どちらも、「男性介護者」による「お孫さん介護」で、ほかの家族と協力しあう〝チーム介護〟でもあります。

「若年介護者」の課題

「お孫さん介護」では、介護をする若い人を「ヤングケアラー」とも呼びます。電話相談では、共働きの両親に代わって祖父母の介護をしている二〇代の青年や、介護保険のサービスを提供する事業所の対応に納得できないと訴えてきた高校生のケースがありました。

しかし、本来なら勉強や就職をして、社会に出ていく年頃なのに、その機会を失ってしまうのではないか、という課題もはらみます。

なお、結婚する年齢とともに、子どもを持つ年齢も遅くなる「晩婚化、晩産化の進行」で、二〇一五年現在、第一子を産む女性の平均年齢は三〇・七歳になりました（内閣府『二〇一七年版少子化社会対策白書』）。子どもが二〇歳になるとき、両親は五〇〜六〇代、祖父母が七〇〜八〇代とすれば、「若年介護者」に応援を求める可能性は、さらに高まります。

「母娘介護」の葛藤

同居介護をする人は、「老老介護」の妻についで、実の娘による「娘さん介護」です。介護認定を受けた人の七割は女性なので、「母娘介護」の組みあわせは当然、多くなります。

男性にくらべて、「娘さん介護」のほうが「生活技能」は高いかもしれません。しかし、電話相談では、「ひとりで抱え込む」より、「ひとりで抱え込まされている」という内容の悩みのほうが際立ちます。「きょうだいが協力してくれない」など、自分ひとりに介護の負担が集中するつらさや、「もう限界なので、施設に入ってもらいたいが、きょうだいに反対されている」という現状認識の落差についての悩みが寄せられています。

また、気になるのは、「母親はずっと私に冷たかった」、「厳しい母親で息苦しい子ども時代だった」といった声があることです。プライベートな領域ですが、介護をする人と介護される人の密着した暮らしは、息苦しさとともに、家族の負の歴史を呼び起こすこともあるようです。

作家の水村美苗さんは『母の遺産　新聞小説』（中公文庫）で、つぎのように書いています。

「今や長寿社会となり、延々とつき合い続けねばならない母親の存在は、ふつうの男の人には多分想像もつかない、過剰な意味をもちうる」

「シングル介護」と「ダブルケア」

同居の有無にかかわらず、未婚の子どもが介護をするケースは、近年、「シングル介護」とも呼ばれています。『母に歌う子守唄』（朝日文庫）を書いた落合恵子さんはひとり娘で、介護保険サービスを利用して、母親を自宅で看取りました。

家庭内離婚状態の両親を自宅と有料老人ホームにわけ、末期がんの恋人の看取りもする〝トリプル介護〟を経験した荻野アンナさんは、『働くアンナの一人っ子介護』(グラフ社)を書きました。そして看取りを終えたのちに『カシス川』(文藝春秋)で、「お前が女の子でよかった」と介護保険のサービスを拒む母親に寄りそう娘の困難を小説に描きました。

少子化と晩婚化がすすむなか、育児と介護を同時におこなう「ダブルケア」、あるいは「多重介護」の負担も、クローズアップされてきました。二〇一二年、「ダブルケア」をしているのは二五万人、介護する人の五%と推計されました。「ダブルケア」もまた、女性が七割になります(内閣府『育児と介護のダブルケアの実態に関する調査報告書』)。

なお両親ともに介護が必要になった場合も、「ダブルケア」と呼びます。さらには親を介護しながら、働く子どもに代わって、孫の育児を担当する「ダブルケア」も登場しています。

「介護ストレス」の危機

介護をする人には、ストレスがあります。電話相談では、「うつと診断された」、「どこにも出口がない」、「いつまでつづくかわからない」といった声が必ず寄せられます。だれにも相談することができない「介護の孤独」のなかで、ストレスが高まると、身近な弱い人が攻撃の対象になってしまうことがあります。

二〇〇六年、高齢者虐待防止法（高齢者虐待の防止、高齢者の養護者に対する支援等に関する法律）が施行されて、毎年、実態調査がおこなわれるようになりました。この法律では、家族など介護をする人を「養護者」と呼びます。

虐待があったと判断されたのは、調査がはじまってからの一一年間でみると、二〇一一年度の一万六五九九件をピークに微減し、二〇一四年度からふたたび増加傾向にあります。

二〇一六年度の調査では、「養護者」による高齢者虐待の相談・通報は二万七九四〇件で、虐待があったと判断されたのは一万六三八四件です。被害にあったのは一万六七七〇人で、女性が八割です。介護認定のランクが低いほど「身体的虐待」と「心理的虐待」が、高くなるほど「介護放棄」が増えます。

加害者は、被害者を「同居介護」していた人が九割になります。被害者からみた加害者の続柄は、息子が四割、夫が二割で、「男性介護者」が多いことが報告されています。虐待した原因のトップは「介護疲れ・介護ストレス」で、加害者自身の「障害・疾病」、そして、被害者の「認知症の症状」がつづきます。

虐待と判断されたケースへの対応では、被害者を加害者から離すのが三割で、特別養護老人ホームに入居させるなど、介護保険のサービスで保護しています。

それ以外では、加害者への指導・助言、サービスを利用していた場合にはケアプランを見直す、などの対応がとられています。

厚労省は「介護保険サービスを利用していない場合、虐待の深刻度が高くなる傾向」があると分析して、「介護保険サービスの適切な利用の促進」により、家族などへの支援をはかることを都道府県、市区町村に求めています。

「同居介護」の責任

二〇〇七年、愛知県大府(おおぶ)市で、認知症の人が列車にはねられて、死亡する事故がありました。JR東海(東海旅客鉄道株式会社)は、介護をする家族を裁判に訴え、損害賠償を求めましたが、二〇一六年、最高裁判所は家族に責任はないという判決を出しました。

JR東海に訴えられたのは、本人も介護認定を受けていた高齢の配偶者と、「通い介護」をしていた子どもで、最高裁判所は直接的な「監督義務者」にならないと判断しました。

しかし判決文を読むと、同居して介護している子どもの場合は、「監督義務者」になるとあり、賠償責任を問われることになっていました。

懸命に介護していても、認知症の人が行方不明になるケースはひんぱんにあります。警察庁は、行方不明の届け出があった人のうち一九％、一万五八六三人が、認知症やその疑いのある人だとしています（『二〇一七年における行方不明者の状況』）。行方不明になった人の七三％は届け出があった日のうちに、二七％は一週間以内に所在が確認されています。

最高裁判所の判決を機に、神奈川県大和市は二〇一七年八月、「はいかい高齢者個人賠償責任保険事業」を市議会に提案し、市が個人賠償責任保険に加入し、認知症の人の踏切事故などに対応することにしました。二〇一八年二月には、大阪市が「個人賠償責任保険事業」をはじめました。また、神戸市は二〇一八年四月、「認知症の人にやさしいまちづくり条例」で、認知症の人が起こした事故に損害賠償を求められたとき、給付金を出す救済制度をつくり、二〇一九年度から実施する予定です。

「通い介護」の労災認定

「別居介護」の場合、離れて暮らす子どもが連絡を受けてかけつける「呼び出し介護」や、定期的なスケジュールを組む「通い介護」があります。

介護保険がはじまった翌年の二〇〇一年、大阪府富田林(とんだばやし)市で、仕事から帰る途中で、介護のために義父宅に立ち寄り、交通事故にあったケースをめぐり、労災保険の通勤災害を認めるかどうか、裁判で争われました。原告は配偶者とともに義父の介護にあたり、働きながら週四日、夕食と入浴の介助を担当していました。二〇〇六年、大阪地方裁判所は通勤災害を認める判決を出し、国は控訴しましたが、二〇〇七年、大阪高等裁判所は一審の判決を支持しました。

厚労省は同年、労働政策審議会の労働条件分科会労災保険部会(平野敏右部会長)に、介護が「労働者本人、またはその家族の衣、食、保健、衛生など家庭生活を営むうえで必要な行為」である場合は、労災保険の支給を認めることを報告しました(『介護を行う労働者に係る通勤災害に関する裁判の判決について』)。

一五八万人が「介護離職」

介護のために仕事を辞めることを「介護離職」と呼びます。

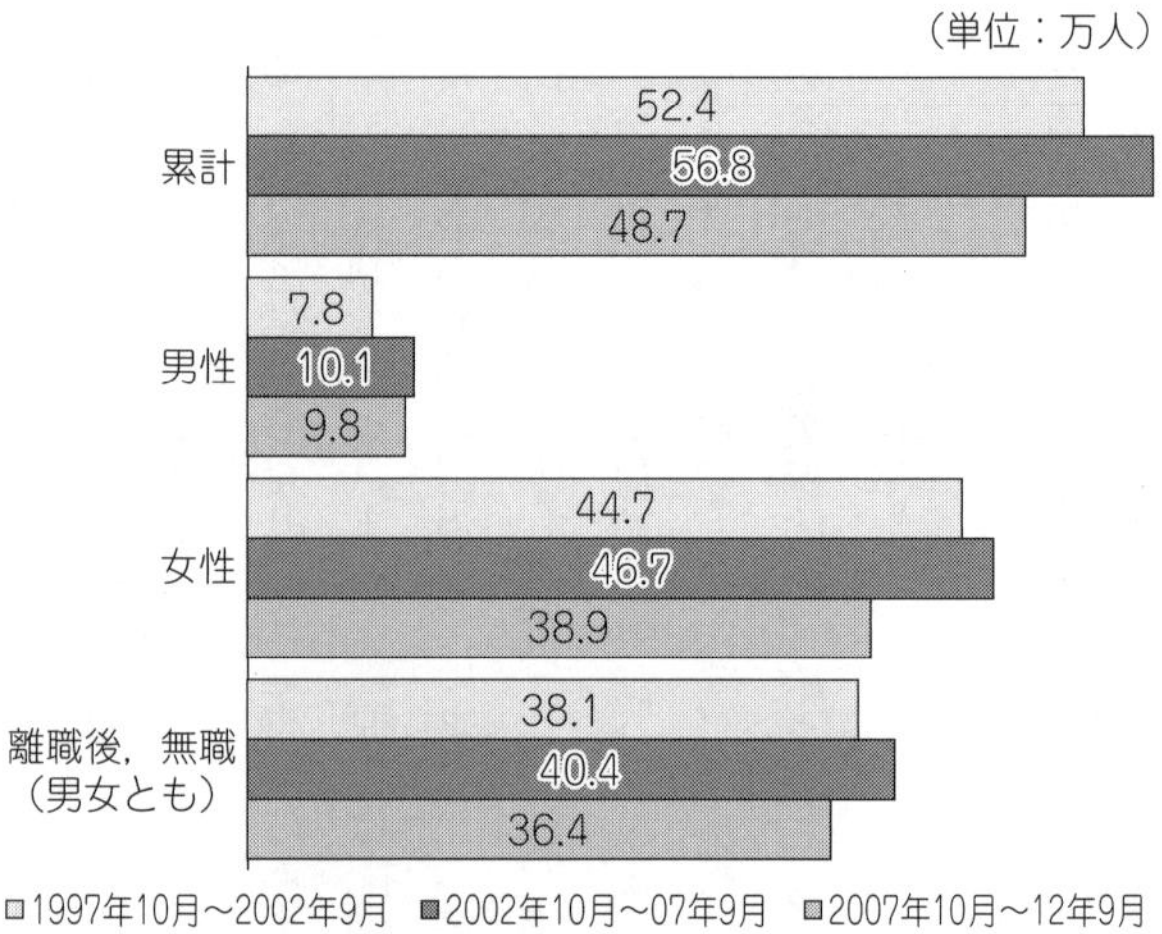

総務省「2012 年就業構造基本調査」より作成．

図 1-12 「介護離職」は年 10 万人

一九九七年から二〇一二年までに、「介護・看護により離職」した人は累計一五八万人と報告されています（図1-12）。ニュースなどでは、この累計人数を年平均に計算しなおして、年間一〇万人が「介護離職」していると報道しています。なお、離職したあと無職の人が、七割を超えています。

ともすれば、働く男性の「介護離職」に注目が集まりますが、女性が仕事をあきらめているケースが八割です。

介護休業制度の状況

働きながら介護をする人への支援では、

育児・介護休業法（育児休業、介護休業等育児又は家族介護を行う労働者の福祉に関する法律）にもとづく、介護休業制度があります。

二〇一六年度の調査では、就業規則に介護休業制度を設けているのは、事業所規模が三〇人以上の会社では九割を超えます。しかし、三〇人未満の会社では七割に下がります（『雇用均等基本調査』）。そして、介護休業制度はあっても、介護休業中、あるいは介護休業後の労働条件を文書にしている会社は、全体でみても五割、口頭で伝えているのが二割です。

なお、「介護休業等制度」（介護休業、短時間勤務、介護休暇など）を利用した人は、二〇一二年は、三七万人と報告されています（総務省『就業構造基本調査』）。

安倍晋三内閣は二〇一六年六月、『ニッポン一億総活躍プラン』を閣議決定し、二〇二〇年代初頭までに、介護を理由に仕事を辞める人をゼロにする「介護離職ゼロ」を宣言しました。二〇一七年一月には、休業日数を時間単位にできる「分割取得」や、残業の免除などを盛り込んだ改正育児・介護休業法もスタートしました。

とはいえ、働いている人からすると、介護休業制度を利用できない理由のトップは、「自分の仕事を代わってくれる人がいない」ことで、「利用すると収入が減る」ことも不安材料になっています（三菱ＵＦＪリサーチ＆コンサルティング株式会社『仕事と介護の両立に関する実態把握のための調査研究事業報告書』）。雇用主である企業サイドも、東京都の調査では、「仕事と介護の両立に関する支援体制はない」という、残念な回答が七割以上になります。

介護殺人の背景

警察庁の『犯罪統計書』は、二〇一五年に全国で四九件の介護殺人があったと報告しています。刑法犯罪の件数は過去一三年間、減りつづけていますが、「介護・看病疲れ」が引き起こす犯罪は増えているとも指摘しています。四九件のうち二一件は自殺関与罪ですが、毎週のように、介護殺人が起きていることになります。

「介護に疲れた」という遺書が残された「介護心中」や、介護している本人から「死にたい」とくりかえし訴えられ、巻き込まれてしまう「嘱託殺人」などの事件も報道されています。電話相談でも、「人ごとではない」、「気持ちがわかる」という声があります。

マスコミの報道では、「同居介護」が多く、近隣に知られることなく孤立していたケースが目立ちます。介護保険のサービスを利用していてもなお、事件は起きています。介護をしている人がなぜ、「介護に疲れた」のか、どうして、犯罪にまで追い込まれたのか、その背景をきちんと調べる必要があるのではないでしょうか。

2章　介護現場で働く人たち

「介護の社会化」は、家族が中心だった無償の介護に、介護報酬（サービス料金）という対価をあたえて、介護労働に変えました。

介護保険のサービスは、介護が必要な人とおだやかにコミュニケーションをとりながら、日常的な支援をする介護労働者に支えられています。介護の現場で働く人たちのアンケートをみると、仕事にやりがいを感じ、働きつづけたいと考えている人が多いのですが、現実には離職率が高く、労働環境は悪化しているともいわれます。

介護労働者がいなければ、サービスは成り立たないのに、なぜ、このような事態になっているのでしょうか。

1　「在宅」を支えるホームヘルパー

介護の現場では、どんな人たちが働いているでしょうか。

『介護サービス施設・事業所調査』では、「従事者」の欄に一九種類の職業が並んでいます。ケアマネジャー（介護支援専門員）とホームヘルパー（訪問介護員）、デイサービスや介護施設で働く介護職員はおなじみですが、看護師、理学療法士、作業療法士、言語聴覚士、医師、管理栄養士、栄養士、調理員など、多様な職種の人が介護保険を支えています。

とはいえ、サービスの主力は、ホームヘルパーと介護職員です。厚生労働省（厚労省）は、ホームヘルパーと介護職員をまとめて「介護従事者」と記しますが、この本では介護労働者と呼びます。

介護保険がはじまった二〇〇〇年度、介護労働者は五四・九万人（常勤・非常勤をふくむ実数）でしたが、二〇一五年度は一八三・一万人になり、三倍以上に増えました（図2-1）。

介護労働者は、サービスの系統でわけられています。ホームヘルパーが介護を必要とする人

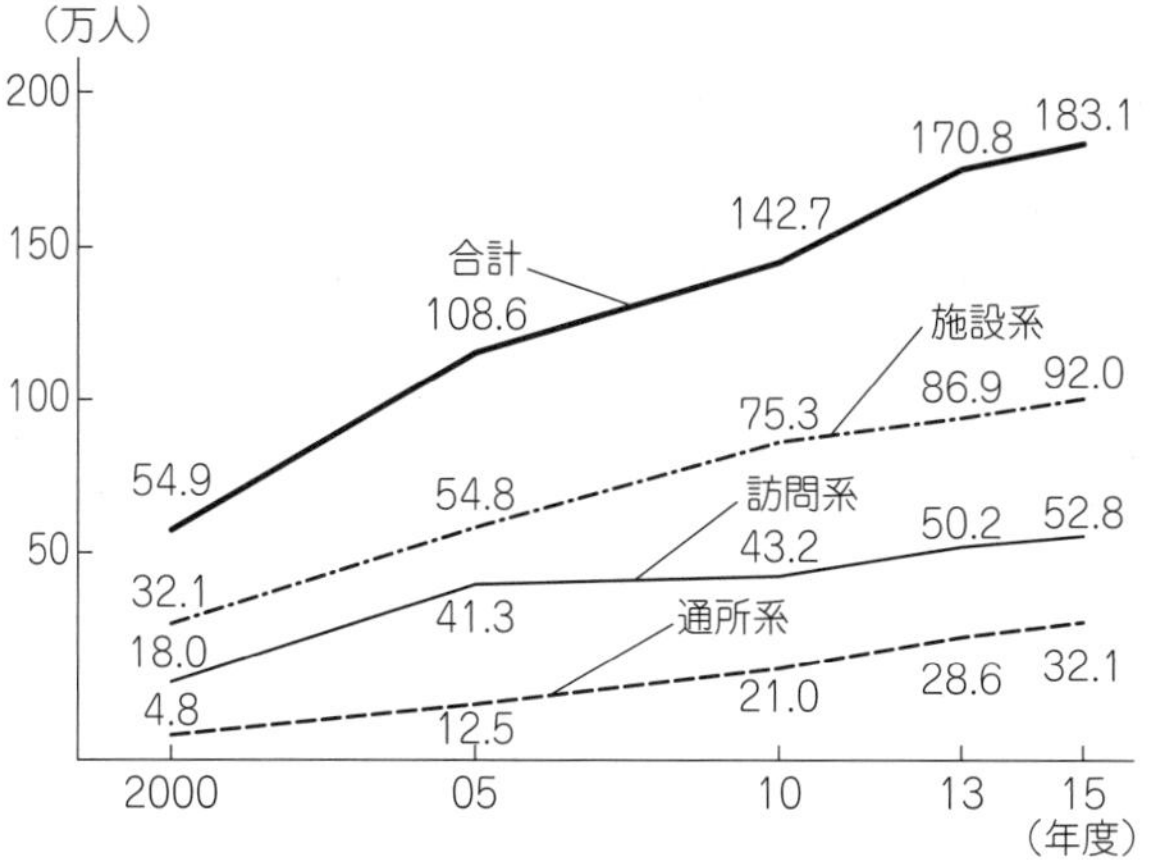

厚生労働省「社会・援護局関係主管課長会議」(2017 年 3 月 2 日)資料 6 より作成.
注 1：介護労働者は介護職員の実人員数(常勤・非常勤を含む)です.
注 2：調査は訪問系と通所系を別に集計していますが，合計すると 2015 年度は 84.9 万人になります．なお，図には入れませんでしたが，2010 年度から「小規模多機能型居宅介護など」の分類が設けられ，2010 年度は 3.2 万人，2013 年度は 5.0 万人，2015 年度は 6.2 万人と報告されています.

図 2-1　介護労働者数の推移

の自宅などに行く訪問系が三割、デイサービスなど通所系が二割、特別養護老人ホームや老人保健施設など施設系が五割です。

ホームヘルパーは三〇万人

介護労働といっても、利用する人の自宅などをひとりで訪問するホームヘルパーと、デイサービスや施設などに利用する人を迎えて、複数で支援する介護職員では、働き方にちがいがあります。

ホームヘルパーは、介護福祉士(国家資格)かホームヘルパー養成研修（初任者研修）の修了者です。一九九一年から二一年間で、養成研修の修了者は三八三万人にのぼります。しかし、実際にホームヘルプ・サービスの現場で働いているのは三〇万人で、一割に届きません。

二〇一〇年、株式会社日本総合研究所が公表した『「潜在ホームヘルパー」の実態調査』では、養成研修を修了したのに働いていない「潜在ホームヘルパー」のうち、すぐにでも働きたいのは五％で、六割以上の人が働きたくないと回答しています。また、働きたいと回答した人は、収入のアップのほか、移動や待機の時間手当などの確実な支給を希望していました。

非正規、非常勤

ホームヘルパーは、非正規職員が八割です。また、非正規職員で非常勤の人が七割になります（図2-2）。短時間労働のホームヘルパーは「登録ヘルパー」とも呼ばれ、時間給のパートタイム労働者が多くなります（図2-3）。また、ホームヘルパーはほぼ九割が女性で、六〇歳以上が三割以上と高齢化しつつあり、今後も在宅サービスの需要は増えていくのに、後継者不足が心配されています（図2-4）。

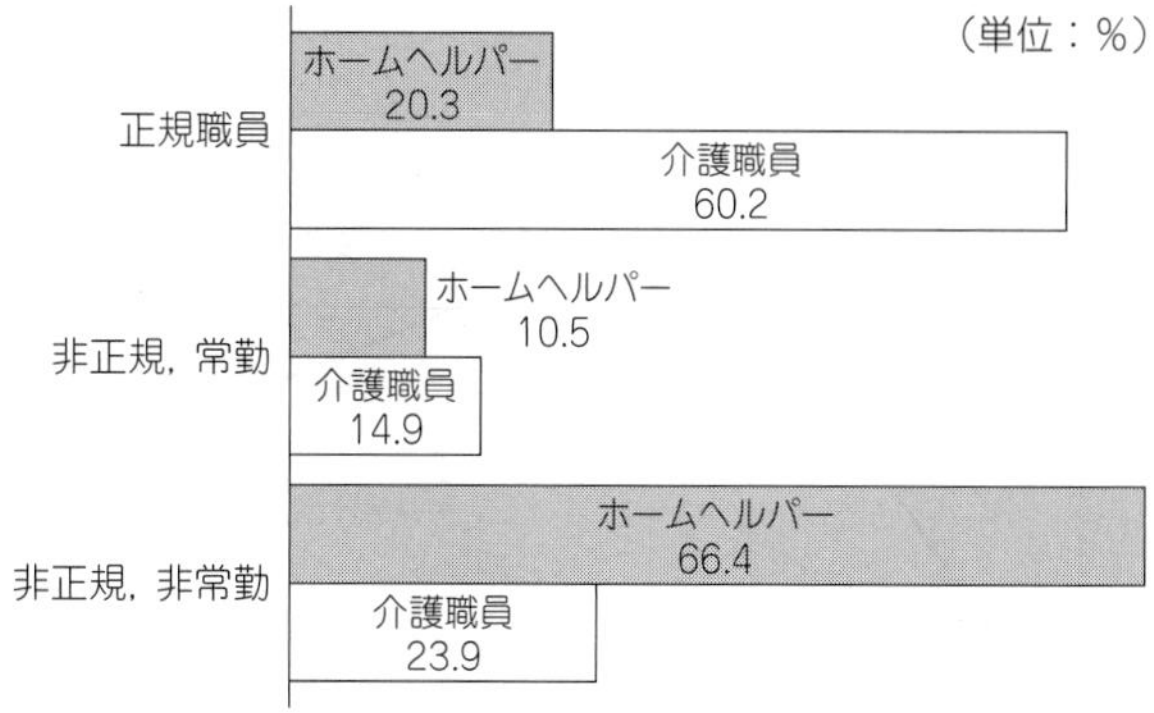

社会保障審議会介護給付費分科会第132回(2016年11月16日)参考資料1「介護人材の処遇改善について」(2014年度介護労働実態調査)より作成.

図 2-2　介護労働者の働き方

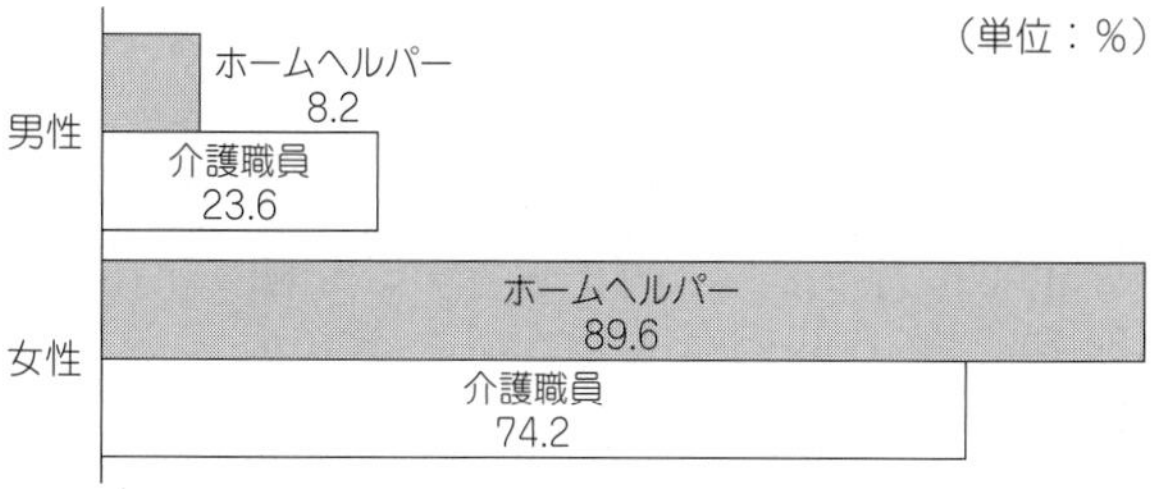

社会保障審議会介護給付費分科会第132回(2016年11月16日)参考資料1「介護人材の処遇改善について」(2014年度介護労働実態調査)より作成.

図 2-3　介護労働者は，女性が多数

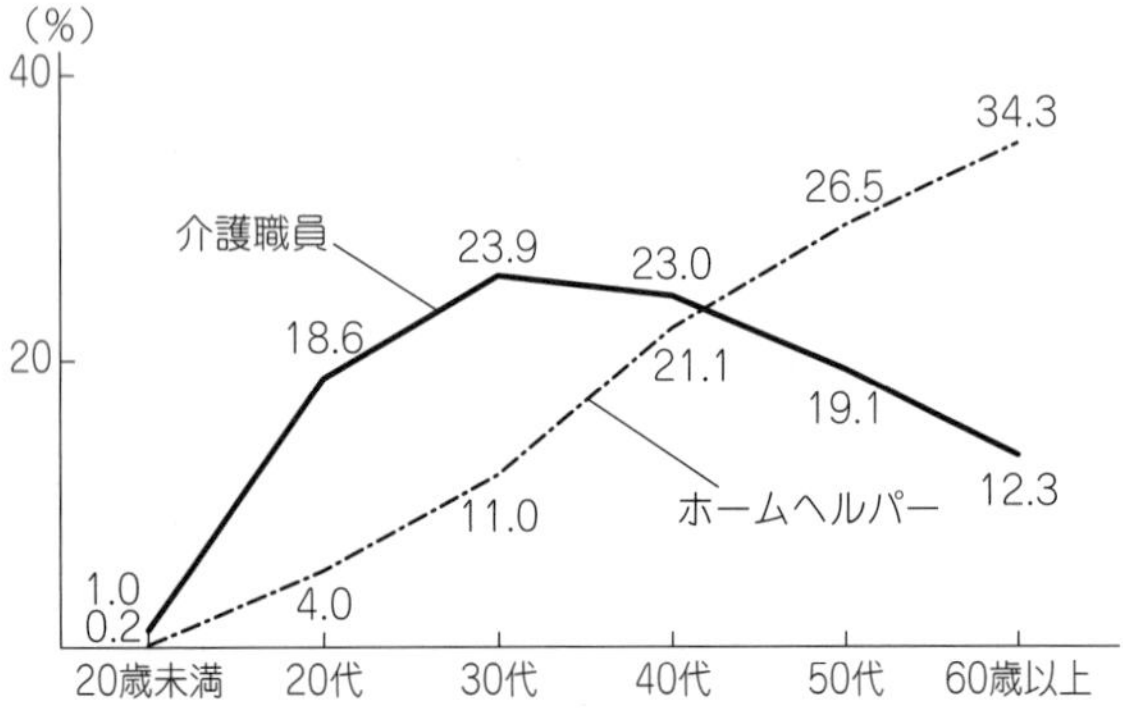

社会保障審議会介護給付費分科会第 132 回(2016 年 11 月 16 日)参考資料 1「介護人材の処遇改善について」(2014 年度介護労働実態調査)より作成.

図 2-4　介護労働者の年齢

ホームヘルパーの仕事の特徴は、介護が必要な人の家や居室に迎え入れてもらって、はじめて仕事がスタートすることです。認知症の人の場合、訪問のたびに玄関先で「どちらさまですか」と問われ、警戒され、そのつど説明をするのは、めずらしいことではないと教えてもらったことがあります。認知症でなくても、訪問日を忘れて家にいない人を探しまわったり、お金や物を取られたと濡れ衣を着せられたり、セクシャル・ハラスメントにあったり、といった単独の個別訪問ならではの苦労も聞きます。

ホームヘルパーの労働環境

ホームヘルパーが所属する事業所には、労働基準法に違反する事例が多いことも、長く問題になっています。複数の家を訪問する移動時間や待ち時間、書類作成などに必要な時間のほか、時間外や休日などの割増賃金、交通費の支給などがきちんとおこなわれていないケースです。

厚労省は、ホームヘルプ・サービスの事業所向けに、法定労働条件の指導や、「魅力ある就労環境づくり」のためのパンフレットで、就業規則をつくることや、適正な労働時間、休日の確保などの指導をしています。

しかし、研修を修了した人の一割しか働いていない背景には、専門性を求められる仕事であるにもかかわらず、社会的な評価が低いこともあるといわれています。また、「登録ヘルパー」には、利用する人の「居宅」との「直行直帰」が多く、仕事のうえでの困難や悩みをバックアップする態勢が弱いことも指摘されています。

サービス提供責任者も非常勤に

ホームヘルパーには、「サービス提供責任者」(通称　サ責)という主任クラスの人がいます。サービス提供責任者は、経験年数が長いベテランが多く、利用する人の支援プランをまとめて

「訪問介護計画」をつくり、ホームヘルパーのスケジュール管理などもおこないます。利用する人にとっては、ケアマネジャーとともに、介護のある暮らしを支えるキーパーソンです。

なお、サービス提供責任者は当初、常勤であることが条件でした。しかし、常勤では人員を確保できないという事業者団体の要望もあり、非常勤でもよいことになりました。

介護報酬を検討する社会保障審議会の介護給付費分科会(大森彌分科会長)では、「優秀な人材であれば非常勤職員であってもサービス提供責任者の責務を十分に担える」(民間介護事業推進委員会代表委員)、「常勤か非常勤かという働き方の違いは、それほど大きな問題では」ない(東京大学社会科学研究所特任准教授)という意見もありました(このあとも、社会保障審議会の委員の発言を紹介しますが、すべて厚生労働省のホームページで公表されている議事録からの引用です。座長名と委員の肩書きは当時のものです)。

2 「通所・施設」を支える介護職員

介護職員は、ホームヘルプ・サービス以外で、介護保険の指定を受けた事業所で働き、「直接介護を行う者」と定義されています。デイサービスや認知症グループホーム、特定施設（介護付有料老人ホームなど）、そして、施設サービスで働く人は、すべて介護職員と呼ばれます。介護職員は、介護福祉士やホームヘルパー研修修了の資格を持つ人が多いのですが、資格がなくても働くことができます。

働き方は正規職員が六割で、非正規職員もふくめて常勤が八割です（図2-2）。女性が七割強、男性が三割弱で、ホームヘルパーにくらべて、男性の割合が少し増えます（図2-3）。

介護職員が勤務する事業所のサービスは多様ですが、共通するのは、定員数や施設の規模などに応じて、配置する人数が定められていることです。このため、必要な介護職員を確保できないと、事業所はサービスを提供できず、介護報酬を得ることができません。

夜間勤務の基準

デイサービスは日中勤務ですが、ショートステイや認知症グループホーム、介護付有料老人ホーム、施設サービスなどは二四時間のサービスなので、交替で夜間勤務があります。

電話相談「介護労働ホットライン」（介護労働ホットライン実行委員会）には、「サービス残業が多い」という苦情のほか、夜間勤務で「スタッフが少なくて、休憩できない」という声が届いています。

認知症グループホームでは、二〇〇六年に長崎県大村市、二〇一〇年に北海道札幌市でそれぞれ死者七人という、大きな火災事故が起きました。どちらも発生時刻は深夜で、夜間勤務の人員配置基準をクリアしていたとはいえ、介護職員はたったひとりで対応に追われました。

厚労省は、スプリンクラーの設置に補助金を出し、避難訓練の徹底などをはかっています。しかし、現行の夜間勤務の人数で、認知症や車いすの人の避難誘導ができるのでしょうか。

なお、介護労働者を確保するために、都道府県ごとに福祉人材センターが設置されています。同センターの職員に「夜間勤務は、すべて複数にする必要があるのではないでしょうか」とたずねたことがありますが、「そうすると、介護報酬がはねあがりますよ」という答えに、がっかりしたことがあります。ちなみに、第七期(二〇一八〜二〇年度)の介護報酬の改定では、「ロボット技術・ICTの活用」で、夜間勤務に「見守り機器の導入」が盛り込まれました。介護労働者の負担軽減につながると注目されています。

介護労働者の責任

ホームヘルパーと介護職員の仕事には、心身に支援が必要な人と直接、向きあう専門性が必要とされています。利用する人の基本的人権を尊重し、プライバシーや個人情報を守ることも求められています。なかでも、責任が重いのは介護事故を防ぐことで、事故が起きた場合は賠償責任や業務上過失を問われることもあります。

介護事故で多いのは、利用する人が自分で動こうとして転倒し、骨折する「転倒事故」、食事の介助をしているときにむせてしまう「誤嚥（ごえん）事故」です。介護事故の判例を読むと、裁判所が介護労働者は有資格者で専門性があり、「事故を未然に防止する責任」があると考えていることを教えられます。

3　人材確保と給与水準

介護保険がスタートしてから、介護労働者は増えつづけています。しかし、二〇〇七年度の離職率は、二一・六％まで上昇しました（図2-5）。

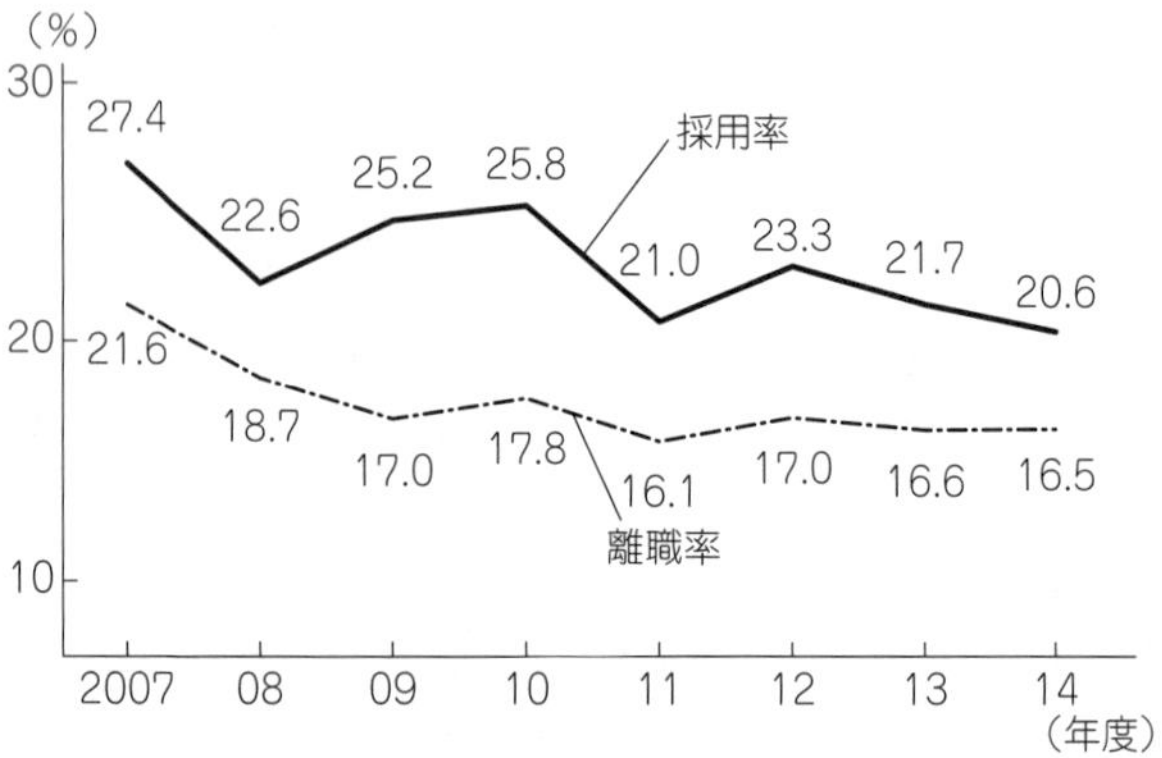

社会保障審議会介護給付費分科会第132回(2016年11月16日)参考資料1「介護人材の処遇改善について」(2014年度介護労働実態調査)より作成.

図2-5　介護労働者の採用率と離職率

当時、月額給与は全産業平均と比較して、ホームヘルパーは一四万円、介護職員は一五万円も低い状況にありました。

人材確保のための対策

二〇〇七年、介護給付費分科会は介護サービス事業の実態把握のためのワーキングチーム(田中滋座長)を設置して、事業者団体にヒアリングをおこないました。そして、ワーキングチームは、「介護報酬の水準のみでは根本的な解決にはつながらない」と結論づけ、課題は「サービス提供体制」と介護労働者の「キャリアアップ」にあるとしました。

社会保障審議会では、介護職員の給与をめぐる議論は低調でしたが、国会では、介護労働者の給与を増やして定着をはかるために、「介護職員処遇改善臨時特例交付金」と「介護職員処遇改善交付金」が、あいついでつくられました。

ふたつの交付金は、二〇〇八年九月から二〇一二年三月までの三年半と限定されましたが、介護報酬とは別に、税金が投入されて、介護職員ひとり当たりの給与は、月額平均二・四万円の引き上げになったと報告されました。

なお、交付金による効果を確かめるために、厚労省は『介護従事者処遇状況等調査』で二〇〇九年から毎年度、介護労働者の給与を調べるようになりました。

「人材不足」の構造

二〇一四年、厚労省は、建設、保育、介護、看護などの分野を対象に、「人材不足分野等における人材確保・育成対策推進会議」を設置しました。その会議資料には、介護労働者は一年間に、二五万人が就職し、同時に二二万人が離職して、差し引きで三万人増える、というシミュレーションがしめされていました。そして、離職者のうち、介護分野での転職は四割にとどまり、残りの六割は「他分野に転職」し、一年間に一三万人以上の介護労働者が退場することが想定されていました。

なお、人手不足がつづくなか、派遣労働者を採用する事業所も増えています。二〇一七年の通常国会では、全国で一万五四〇〇人(二〇一六年六月)の派遣労働者が、介護現場で働いていると報告されました。

給与は、いくらなのか

介護現場で働く人たちの給与は、介護報酬から支払われます。

給与に関する調査はさまざまで、いったいどの資料が実態に近いのでしょうか(表2-1)。二〇一六年および二〇一六年度のデータでそろえました。

『二〇一六年度介護従事者処遇状況等調査』は、介護職員(月給・常勤)の場合、「平均給与額」は二八万九七八〇円で、前年同月と比較して、九五三〇円の引き上げになったと報告しました。

『二〇一六年度介護労働実態調査』(公益財団法人介護労働安定センター)は、ホームヘルパーの「所定内賃金」は一九万七〇四一円、介護職員は二〇万八一六二円になり、前年に比べて、ホームヘルパーは五二九〇円、介護職員は九四八七円の引き上げになったとしました。

表 2-1　介護労働者の給与調査は 3 種類

介護従事者処遇状況等調査(2016 年度)

平均給与額	月給・常勤の者	時給・非常勤の者
介護職員	28 万 9780 円	9 万 6080 円

介護労働実態調査(2016 年度)

所定内賃金(平均賃金)	月　給	時　給
ホームヘルパー	19 万 7041 円	1255 円
サービス提供責任者	22 万 4780 円	1181 円
介護職員	20 万 8162 円	945 円

賃金構造基本統計調査(2016 年)

決まって支給する現金給与額	
産 業 計	33.4 万円
社会保険・社会福祉・介護事業	24.4 万円

厚生労働省「介護従事者処遇状況等調査」, 公益財団法人介護労働安定センター「介護労働実態調査」, 厚生労働省「賃金構造基本統計調査」より作成.

注 1：平均給与額：基本給(月額)＋手当＋一時金(4〜9 月支給額の 6 分の 1).

注 2：所定内賃金：決まって支給される税込み賃金額(役職手当等の各種手当, 交通費等を含みます).

注 3：決まって支給する現金給与額：労働契約, 労働協約あるいは事業所の就業規則などによってあらかじめ定められている支給条件, 算定方法によって 6 月分として支給された現金給与額. 手取り額でなく, 所得税, 社会保険料などを控除する前の額になります. 現金給与額には, 基本給, 職務手当, 精皆勤手当, 通勤手当, 家族手当などが含まれるほか, 超過労働給与額も含まれます.

表 2-2　介護労働者の「処遇改善」の効果

介護労働者への「処遇改善」の効果		
2009 年度 介護報酬改定	プラス 3% 改定	月額プラス　9000 円
2009 年度 補正予算	処遇改善交付金 （1.5 万円相当）	月額プラス 1 万 5000 円
2012 年度 介護報酬改定	介護職員処遇改善加算	月額プラス　6000 円
2015 年度 介護報酬改定	処遇改善加算の拡充 （1.2 万円相当）	月額プラス 1 万 3000 円
月額プラス 4 万 3000 円相当の効果		

社会保障審議会介護保険部会第 63 回（2016 年 9 月 7 日）参考資料 1「介護人材の確保」より作成.

『賃金構造基本統計調査』は、二〇一六年の「社会保険・社会福祉・介護事業」の「決まって支給する現金給与額」を二四・四万円としました。

三種類の調査では、『介護従事者処遇状況等調査』の給与額が一番高いのですが、厚労省はデータが偏在しているという理由で、都道府県別の「平均給与額」を公表していません。

比較できない給与データ

二〇一六年九月、厚労省は、社会保障審議会の介護保険部会（遠藤久夫部会長）に、二〇〇九年度以降の交付金や介護職員処遇改善交付金の積み重ねにより、介護労働者の給与は「月額プラス四万三〇〇〇円相当の効果」があったと報告しました（表2-2）。

この「相当の効果」という表現に、注目してください。『介護従事者処遇状況等調査』を見直すと、二〇〇八年度の平均給与額は二七万七八四〇円、二〇一七年度は二九万三四五〇円で、九年間で一万五六一〇円しか増えていません。ところが、二〇〇八年度の二七万七八四〇円に「月額プラス四万三〇〇〇円」を加えると、三二万八四〇〇円になるのです。

この疑問について、厚労省は、二〇〇八年度はすべての事業所を調査したけれど、介護職員処遇改善加算になってからは、加算を取った事業所だけが対象なので、「単純な比較」はできないと回答しています。このため、「相当の効果」という表現になったのです。

なお、二〇一七年度の『介護従事者処遇状況等調査』の平均給与額は二九・四万円ですが、全産業平均は三三・四万円(決まって支給する現金給与額)です。

介護労働者は、どのくらい必要なのか

介護労働者が足りないため、社会保障審議会では長く「人材確保」が語られていますが、どのくらい不足しているのでしょうか。

二〇一七年の通常国会では、安倍晋三首相が「二〇一五年度までの実績で、年間約八万人増

加しているので、このトレンドで、二〇二〇年に約二二三万人が確保され、目標を達成できる」と答弁しました。

二〇一八年五月、厚労省は『第七期介護保険事業計画に基づく介護人材の必要数について』で、二〇二五年に必要な介護労働者は二四五万人としました。介護労働者は一八三万人(二〇一五年度)なので、一〇年間で六二万人も増やせるのでしょうか。

二〇一八年四月の段階で、「介護サービスの職業」の二一万人の求人に対して、就職したのは、わずか八二八六人でした。仕事を探す一人に対して、何件の求人があるかをしめす有効求人倍率は三・五九です。全体(職業計)は一・三五なので、介護現場の人手不足は深刻です(『一般職業紹介状況』)。

4 介護労働者の課題

介護労働者を安定的に確保できないなか、電話相談「介護労働ホットライン」では「休日出勤が多い」、「労災隠しが、常態化している」、「スキルアップしても、給与につながらない」、

「人手が足りないので、辞めさせてもらえない」、「福祉の心でがんばれと言われる」など、介護労働者から労働環境の悪さを訴える声がありました。

離職率が高くて、つねに新人が入ってくる構造では、経験年数の長い人の負担が重くなります。新人にしても、すぐに現場に配置されては、ミスやトラブルも起こりがちになるでしょう。

働く者の権利

「介護労働ホットライン」をいっしょに企画した弁護士のメンバーは、介護労働者自身に労働契約法や労働基準法の知識が少ないことを指摘しています。介護労働者に限りませんが、教育のなかで労働者の権利を学んでもらう機会を増やす必要があります。

介護労働者について、「なぜ、労働組合をつくらないのか」と問われることがあります。しかし、介護労働者の労働組合は、組織率が公表されないくらい、少ないのです。

介護労働者は、病気や障害のある人に寄りそう能力を求められる人たちです。つまり、やさしく、相手を思いやることができる人たちです。すぐれた資質ですが、「労使交渉」などの場面で、自己主張することが苦手なタイプが多いのではないかとも感じます。

介護労働者による虐待

1章の2で、高齢者虐待防止法にもとづく調査結果を紹介しましたが、家族など介護をしている人だけでなく、介護労働者による虐待も報告されています(法律では、介護労働者を「養介護施設従事者等」と呼びます)。

相談・通報件数は二〇一一年度から増えはじめ、二〇一四年度以降、急上昇しています。二〇一六年度は、相談・通報は一七二三件で、虐待が確認されたのは四五二件です。サービス別にみると、特別養護老人ホームや認知症グループホームなど、二四時間のサービスを提供する事業所での虐待が八割を超えています。加害者は介護職員が八割で、三〇代が二〇%、四〇代が一九%です。また、六割が男性になります。被害者は八七〇人で、寝たきりと認知症の人が多く、七割が女性です。なお、市区町村への調査では、虐待の原因は、加害者の「教育・知識・介護技術等に関する問題」とする回答が七割になります。

「身体拘束」の禁止

高齢者への虐待は、身体的虐待が六割になります。身体的虐待の四割は「身体拘束」です。身体拘束は、利用する人があばれたり、大声を出すなどの理由で、ベッドや車いすに固定したり、部屋に閉じ込めたり、薬で動けなくすることで、「必要やむをえない場合」をのぞいて、禁止されています。

第七期(二〇一八〜二〇年度)の介護報酬の改定では、「身体拘束等の適正化の推進」のため、施設系サービスなどの「身体拘束廃止未実施減算」が拡大され、身体拘束の禁止が強化されました。

「必要やむをえない場合」でなくても、なぜ、身体拘束が起きてしまうのか、市区町村が指摘する「教育・知識・介護技術等に関する問題」について、さらに掘り下げる必要があると思います。

「福祉労働」という視点

介護労働者による殺人事件は、福祉の現場が舞台ということもあり、社会的な関心を呼びます。近年では、二〇一四年、神奈川県川崎市の介護付有料老人ホームで、三人の入居者があいついでベランダから転落死した事件があります。当時は事故とされましたが、二〇一六年になり、元職員の男性が逮捕されました。二〇一八年一月、横浜地方裁判所で裁判員裁判がはじまり、元職員は自白から一転して無罪を主張しましたが、三月に死刑判決が出ました（上告中）。なお、こうした事件は、介護保険法や高齢者虐待防止法にもとづく監査の対象です。

二〇一一年、障害者虐待防止法（障害者虐待の防止、障害者の養護者に対する支援等に関する法律）が成立し、障害福祉サービスにおける虐待の事例も調査されるようになりました。二〇一六年度の調査では、障害者施設などでの虐待は、相談・通報件数は二一一五件、虐待と判断されたのは四〇一件です。被害者は六七二人で、男性が六割、女性が四割です。障害別にみると、知的障害の人が七割になります。

二〇一六年には、神奈川県相模原市の知的障害者施設「津久井やまゆり園」で、退職した介護職員による凄惨な大量殺人事件が起こりました。

これらの事件は、加害者個人の特異性で終わらせるのではなく、介護保険と障害福祉サービスをあわせて、「福祉労働」という視点で、共通する課題を整理していくことも重要だと考えます。

「介護福祉士候補者」の受け入れ

介護労働者の確保について、社会保障審議会では給与だけが問題ではないという議論がつづくなか、少子化による人手不足というテーマも浮上して、外国人労働者の導入が検討されるようになりました。

すでに、二〇〇八年度から、経済連携協定（EPA）で、国外から「介護福祉士候補者」の受け入れがはじまっています。ただし、厚労省は、国際関係の強化が目的で、「介護分野の労働力不足への対応ではない」としています（『経済連携協定に基づく受入れの枠組』）。

介護福祉士候補者は、母国で大学や看護学校を卒業している人で、語学研修を受けたあと、「受入れ施設で雇用契約に基づき就労・研修」をしながら、介護福祉士の国家試験の合格をめざします。二〇一六年度までに、インドネシア、フィリピン、ベトナムから、二七四〇人（累計）が来日しました。二〇一七年度の国家試験の合格率は五〇・七％で、日本語の「高度な専門用語」が課題とされています。

技能実習制度の導入

二〇一六年、出入国管理法（出入国管理及び難民認定法）が改正されて、在留資格に「介護」が加えられました。技能実習制度でも、対象職種に「介護」が追加されました。

技能実習制度は一九九三年につくられましたが、「開発途上国などの経済発展を担う人づくりに協力する」ことが目的で、EPAと同じで、こちらも労働力不足への対応ではありません。しかし、これまで受けいれてきた他分野では、所定外労働を求められたり、日本語研修がおこなわれていないなど、「低廉(ていれん)な労働力」として悪用されているケースが指摘されています（法務省入国管理局『人口減少時代における出入国管理行政の当面の課題』）。また、研修先からの「行方不明者」が三〇〇〇人になるという報告もあります（公益財団法人国際研修協力機構『技能実習生の行方不明者発生防止対策について』）。

二〇一七年、厚労省は介護給付費分科会（田中滋分科会長）に、語学研修二カ月、就労六カ月という条件を経て、技能実習生を介護労働者に位置づけるプランを報告しました。

外国人労働者に門戸を広げるのであれば、不当な労働環境を増やすのではなく、誠実な「国際関係の強化」につとめてもらいたいと思います。

3章　介護保険のしくみ

二〇〇〇年四月から、介護保険のサービスがはじまりました。しかし、電話相談を開設するたびに、「どこに相談すればいいのか?」、「ホームヘルパーに来てもらえるのか?」など、はじめてサービスを利用する介護初心者の人から、問い合わせがよせられます。

四〇歳以上の人はすべて介護保険の加入者ですが、介護の現実に直面するまで、制度への関心は低いともいえます。また、介護については考えたくないと、先送りしている人も多いのではないかと感じます。

序章でもふれましたが、介護保険法の成立前夜、家族では介護が必要な人をささえきれない「家族介護の限界」という言葉が広がっていました。また、治療の必要がないのに病院に長期入院せざるをえない「社会的入院」も課題とされていました。

介護保険がはじまる前から、高齢の人への福祉サービスはありました。その費用は全額、税金でまかなわれていました。これは措置制度と呼ばれ、市区町村が対象になる人とサービスを決める「行政処分」といわれるしくみで、おもに低所得の人に対象が限られていました。

1　介護保険の基本

介護保険が最初に約束した基本は、四つあります(表3-1)。

まず、サービスを必要とする人は、市区町村の介護認定(要支援認定、要介護認定)を受けて、サービスを選ぶことになりました。厚生労働省(厚労省)は、行政が決める措置制度から、「利用者の自己決定、自己選択」による選択制度に転換するのだと説明しました。

そして、認定を受けた人は、ケアプランをつくり、事業所を選んで契約をむすんで、サービスを利用することになりました。

サービスを提供する事業所は、措置制度のときには、社会福祉法人(社会福祉協議会など)や福祉公社など公的な組織がほとんどでした。しかし、一気に増える認定を受けた人を支えるため

表 3-1　介護保険の基本

介護保険の導入前	介護保険の導入後（2000 年度以降）
行政窓口に申請し，市町村がサービスを決定	利用者が自らサービスの種類や事業者を選んで利用
医療と福祉に別々に申し込み	利用者がケアプランを作って，医療・福祉のサービスを総合的に利用
市町村や公的な団体（社会福祉協議会など）中心のサービスの提供	民間企業，農協，生協，NPO など多様な事業者によるサービスの提供
中高所得者にとって利用者負担が重く利用しにくい 例：世帯主が年収 800 万円の給与所得者，老親が月 20 万円の年金受給者の場合 ○特別養護老人ホーム　月 19 万円 ○ホームヘルパー　1 時間 950 円	所得にかかわらず，1 割の利用者負担 例：世帯主が年収 800 万円の給与所得者，老親が月 20 万円の年金受給者の場合 ○特別養護老人ホーム　月 5 万円 ○ホームヘルパー　30 分〜1 時間 400 円

厚生労働省「公的介護保険制度の現状と今後の役割 2015 年度」より引用.

に、民間会社やＮＰＯ法人（特定非営利活動法人）などにも門戸が開かれました。民間参入については「自由競争により、質のよいサービスが残ります」という説明がありました。

また、利用する人の所得を問わず、サービス料金（介護報酬）のうち一割が自己負担（利用料）になり、残りの九割は介護保険の給付費（介護保険料と税金）から支払うことになりました。

2　介護保険の財源

介護認定を受ける人が多くなり、サービスを利用する人が増えれば、費用は比例的に上昇していきます。二〇〇〇年度の費用は三・六兆円でしたが、二〇一五年度は九・八兆円になり、二・七倍になりました(図序-2)。

給付費は介護保険料と税金で負担

二〇一七年度の政府予算では、介護保険の費用は一〇・八兆円でした。そして、利用する人の自己負担を差し引いた給付費は、九・九兆円になりました。

新聞記事などで「介護費、一〇兆円」という見出しをみると、まるで国(税金)がすべてを払っているような錯覚におちいりそうですが、そうではありません。費用の一割(原則です)は利用する人が払う自己負担で、残りの九割相当が給付費として、介護保険料と税金から支払われています(図3-1)。

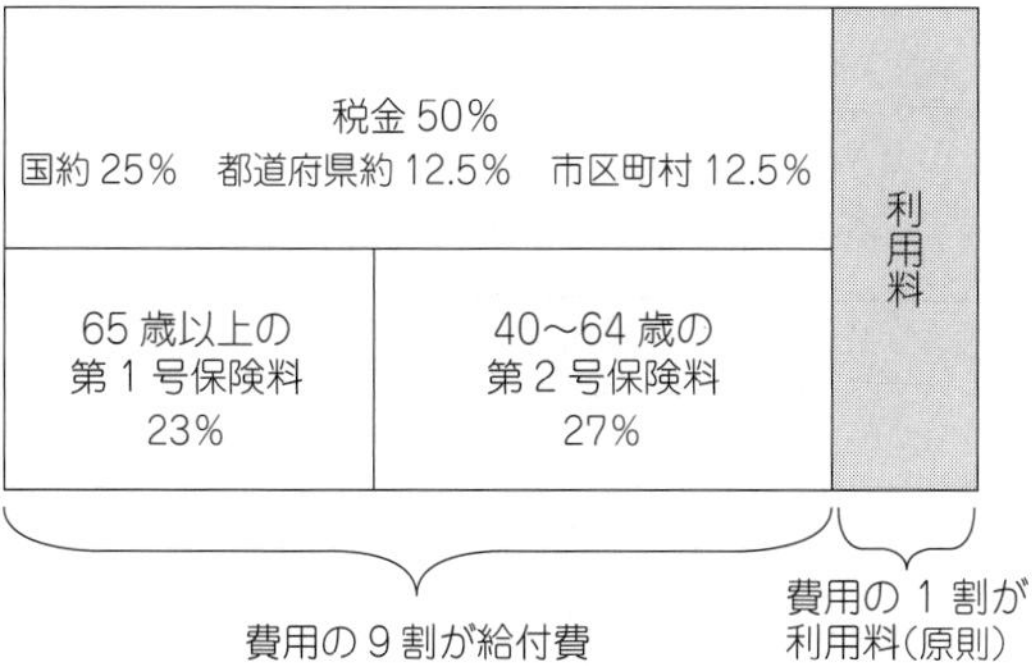

図 3-1　介護保険の費用の負担（2018 年度以降）

給付費を一〇〇％とすると、介護保険料と税金が、それぞれ五〇％ずつ負担しています。介護保険料は、第二号被保険者（四〇〜六四歳）と第一号被保険者（六五歳以上）の二者で負担しています。税金は国（二五％）と都道府県（一二・五％）、市区町村（一二・五％）の三者で負担しています。

二〇一七年度の給付費（九・九兆円）は、介護保険料と税金がそれぞれ、五兆円を分担しています。介護保険料の五兆円は、第二号介護保険料が二・八兆円、第一号介護保険料が二・二兆円です。そして、税金の五兆円は、国が二・二兆円、都道府県が一・四兆円、市区町村が一・二兆円です（数字は端数計算があるため、合計額は一致しません）。

また、給付費の九四％はサービスを提供した事業所に支払われ、残りの六％は、高額介護サービス費や特定入所者介護サービス費（「補足給付」とも呼ばれます）など、利用す

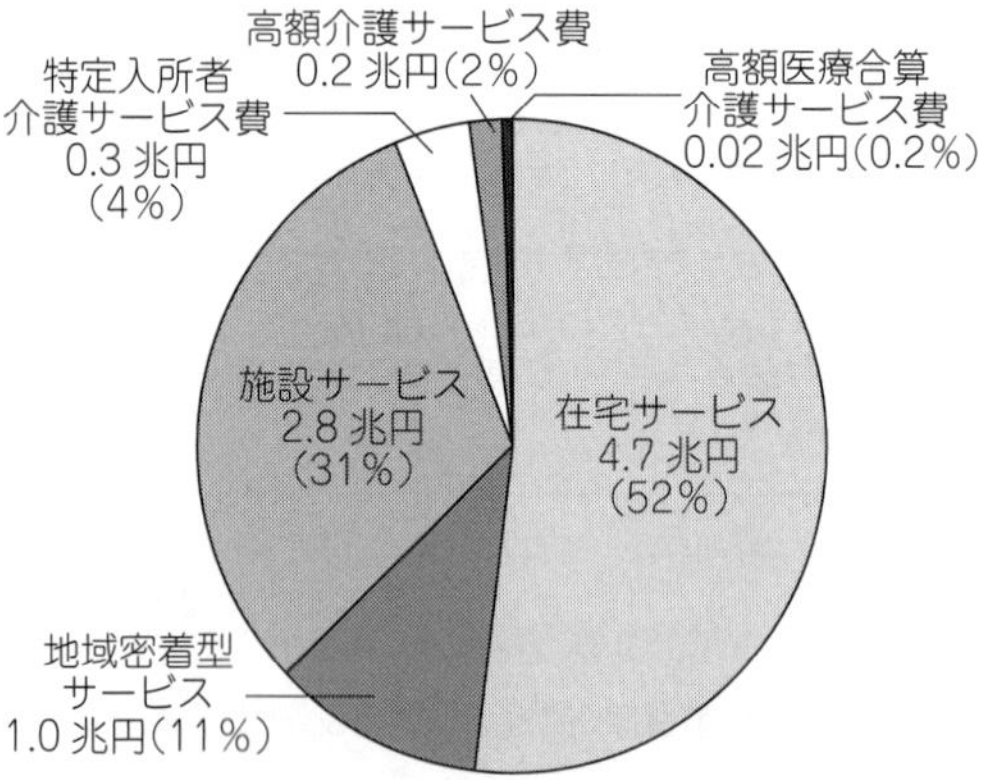

厚生労働省「2015 年度介護保険事業状況報告(年報)」より作成.
注：特定入所者介護サービス費(補足給付)，高額介護サービス費，高額医療合算介護サービス費は利用者の負担軽減のための給付費です.

図 3-2　給付費の 9 割以上はサービスに使われる

る人の負担軽減のために使われています(図3-2)。

介護保険は社会保障給付費の八%

介護保険のほか年金保険、医療保険などをまとめて、「社会保障費用」と呼びます。自己負担をのぞき、社会保険料と税金で分担している部分は「社会保障給付費」です。

二〇一五年度の社会保障給付費は、一一四・九兆円でした。その明細は、年金が四八%、医療が三三%で、介護保険は八%です(図3-3)。

財務省は、「近年、高齢者医療・介護給付費の増に伴い、負担増は公費に集中している」と、高齢の人への給付費が増えているために、国の負担が大きくなっていると報告しています（財政制度等審議会財政制度分科会二〇一七年四月二〇日資料3『社会保障』）。しかし、負担割合をみると、被保険者が毎月払っている社会保険料が二九％、事業主が払っている社会保険料が二六％で、税金は三七％です。社会保険料の合計は五四％で、税金より負担は大きいのです。

また、負担の割合を一九九〇年と二〇一五年で比べてみると、この四半世紀、企業などが負担する「事業主負担」の割合を減らしつづけているために、税金の負担割合が増えています（表3-2）。

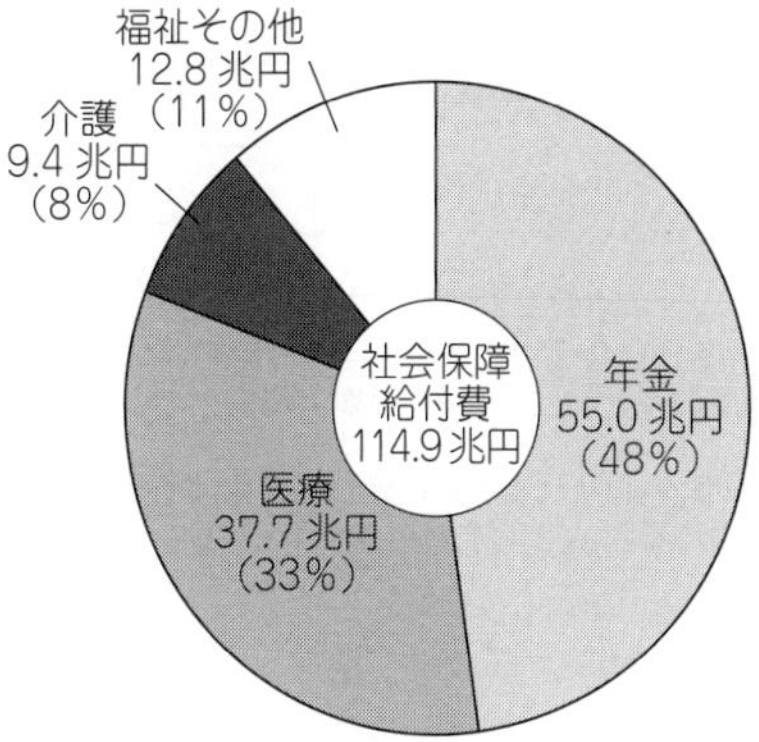

国立社会保障・人口問題研究所「2015 年度社会保障費用統計」より作成.

図 3-3　社会保障給付費の構成

3　介護保険料の計算方法

介護保険は、四〇歳以上の人は強制加入です。四〇歳から介護保険料を負担する理由は、①介護ニーズは中高年期にもある、②四〇歳以降は一般

表 3-2　社会保障給付費の負担割合

	被保険者負担	事業主負担	公費負担
1990 年	28%	32%	25%
2015 年	29%	26%	37%

財政制度等審議会財政制度分科会 2017 年 10 月 4 日資料「社会保障①総論，医療・介護制度改革」「社会保障給付費の増に伴う公費負担の増」より引用.
注：給付費は 1990 年が 47.4 兆円，2015 年が 114.9 兆円です．負担割合は「全体の財源に占める割合」です．

に「老親の介護」のため、「介護保険による社会的支援という利益を受ける可能性が高まる」と説明されました（『介護保険制度案大綱』）。

被保険者は、六五歳を境に、現役世代と呼ばれる第二号被保険者（四〇〜六四歳）と、高齢世代の第一号被保険者（六五歳以上）にわかれています（表3-3）。

これまで説明してきたように、介護保険料は給付費の五〇％をカバーしていますが、介護保険料を払う第二号被保険者と第一号被保険者の分担は、人口比率で決められてきました（図3-1）。

少子高齢化が進むと予測されるなか、人口比率で決める計算方法がつづくのであれば、現役世代の給付費の負担は減り、六五歳以上の人の負担が増えていくことになります。

介護保険がスタートした第一期（二〇〇〇〜〇二年度）は、第一号介護保険料の負担割合は一七％で、全国平均月額は二九一一円で

表 3-3　第 1 号被保険者と第 2 号被保険者のちがい

被保険者	第 1 号被保険者	第 2 号被保険者
対　象	65 歳以上 3202 万人(43%)	40〜64 歳の医療保険加入者 4247 万人(57%)
介護保険料	市区町村が徴収(原則,年金から天引き)	医療保険者が医療保険料と一括徴収(給与からの源泉徴収)
利用条件	病気や障害の種類にかかわらず, 要支援状態(要支援 1, 2) 要介護状態(要介護 1〜5)	特定疾病の場合に限定して, 要支援状態(要支援 1, 2) 要介護状態(要介護 1〜5)

社会保障審議会介護保険部会第 62 回(2016 年 8 月 31 日)参考資料 1「被保険者の範囲のあり方」より作成.

注：被保険者数は第 2 号被保険者の集計が公表されている 2013 年度調査になります.

した(図3-4)。

二〇一八年四月からはじまった第七期(二〇一八〜二〇年度)は二三%まで上昇して、全国平均月額は五八六九円と、初年度の二倍になりました。

4　現役世代の介護保険料

四〇〜六四歳の第二号介護保険料は、正式には「介護納付金」と呼ばれます。第二号介護保険料は、社会保険診療報酬支払基金が、医療保険の保険者(国民健康保険、健保組合、共済組合、協会けんぽ)から集めて、保険者である市区町村に渡します。

第二号介護保険料の計算方法は毎年、変わります。二〇〇〇年度の全国平均月額は二〇七五円でしたが、二〇一七年度は五五五五円で、初年度の二・七倍になりました(図3-4)。

個人と事業主が分担

働いている人(被用者)は、会社(事業主)の医療保険に加入しています。第二号介護保険料は、会社が半額を負担するので、残りの半額が医療保険料とともに、給与から源泉徴収されます。働く人の配偶者など被扶養者になっている人は、医療保険料と同じように、扶養者がまとめて払っているので、第二号介護保険料の個人負担はありません。第二号介護保険料をいくら払っているのかは、給与明細表で確認してください。

自営業や無職の人は、国民健康保険(国保)に加入しているので、個人と国保組合で、第二号介護保険料を払っています。なお、国保組合の財源は、国庫負担金(税金)です。四〇～六四歳で生活保護を利用しているため、医療保険の被保険者になっていない人は、第二号被保険者にはならず、第二号介護保険料は請求されません。

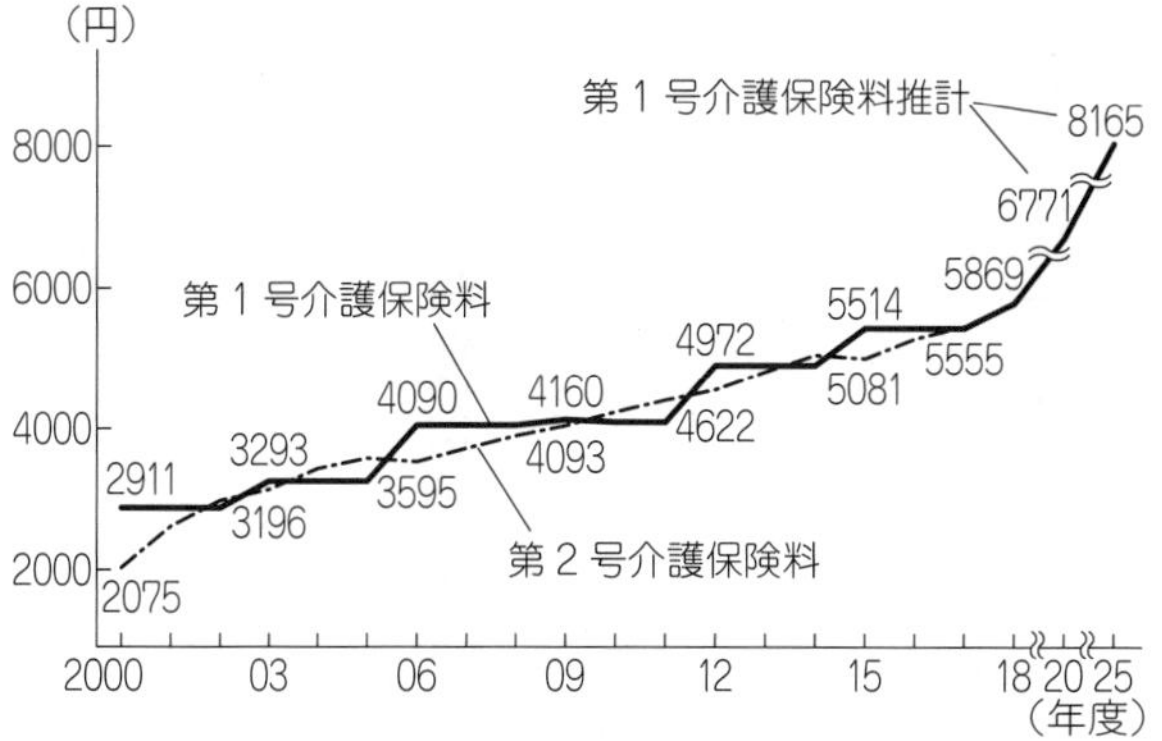

厚生労働省「第 7 期計画期間における介護保険の第 1 号保険料及びサービス見込み量等について」「第 2 号被保険者にかかる介護保険料について」より作成.

図 3-4　介護保険料の推移

人数から収入に応じた計算方法に

第二号介護保険料は、医療保険の保険者ごとに、大企業と中小企業の区別なく、加入者の人数に応じた「人数割」で計算されてきました。しかし、二〇一七年の介護保険法の改正で、給与所得に応じた「総報酬割」に計算方法が変更されました。この見直しは、第二号被保険者と事業主が、ともに負担増になる場合もあるため、二〇二〇年度まで経過期間があり、二〇一七年八月から段階的に実施されています。

「大企業社員ら介護負担増」（二〇一七年七月三〇日、共同通信）という報道もありましたが、所得に応じた計算に変わることで、第二号被保険者のうち、介護保険料が増えるのは一三〇〇万人、減るのは一七〇〇万人と推計されています。

また、この見直しで、第二号介護保険料は、年間四〇〇億円超の増収になると試算されています。ただし、増やした分は、国保組合への第二号介護保険料の国庫負担金を減らすために使われて、介護が必要な人へのサービス（給付費）を増やすのが目的ではありません。

5 高齢世代の介護保険料

第一号介護保険料は、六五歳以上の人が払います。電話相談で「いつまで払わなければならないのか」と聞かれることがありますが、介護保険料と医療保険料（七五歳以上の人は後期高齢者医療保険料）は、亡くなるまで払いつづけます。

第一号介護保険料をいくらにするのかは、市区町村が三年ごとに策定する介護保険事業計画にもとづいて「基準額」を計算し、市区町村議会に承認されて決まります。このため、第一号介護保険料の基準額は、三年ごとに変わります。

なお、介護保険では、市区町村は運営に責任をもつ「保険者」です。ただし、複数の自治体で「広域連合」や「一部事務組合」を組むこともあります。二〇一八年六月現在、全国に一七四七市区町村（東京都二三区と一七二四市町村の合計）ありますが、介護保険では一五七一保険者で、市区町村の数とは一致しません。

「基準額」と負担段階

第一号介護保険料は、同じ市区町村に暮らす六五歳以上のすべての人が、同じ金額を払っているわけではありません。市区町村ごとに決めた基準額をもとに、所得に応じた負担率をかけて計算された金額を、個人で支払っています（表3-4）。

第六期（二〇一五〜一七年度）からの基準額は第五段階になり、負担率は一・〇倍です。そして、課税所得が多い人は第五段階より高く、非課税所得の人は第五段階より低く設定されています。

厚労省が設定しているのは九段階で、もっとも高い第九段階は基準額の一・七倍、もっとも低い第一段階は基準額の〇・四五倍です。市区町村によっては、段階を増やして、さらに細かく設定しているケースもあります。

市区町村の介護保険事業計画や第一号介護保険料の負担段階などは、ほとんどがホームページで公表されています。ただし、介護保険事業計画は、市区町村によっては、「高齢者福祉計画」や「高齢者保健福祉計画」とセットになっていることもあります。インターネットで検索するときは、名称に注意してください。

なお、六五歳以上で生活保護を利用している人は、生活保護費で介護保険料の分が支給され、支給分で第一号介護保険料を払っているので、第一号被保険者になります。

負担段階

	第6期 第7期	消費税 10％時点
第1段階	0.45	0.3
第2段階	0.75	0.5
第3段階	0.75	0.7
第4段階	0.9	0.9
第5段階	1.0	1.0
第6段階	1.2	1.2
第7段階	1.3	1.3
第8段階	1.5	1.5
第9段階	1.7	1.7

負担の公平化について」より作成.
(2019年10月予定)で，第1～3

市区町村ごとに変わる第一号介護保険料

第七期（二〇一八～二〇年度）は、第一号介護保険料の「基準額」の全国平均月額は五八六九円で、第六期（二〇一五～一七年度）の五五一四円にくらべて六・四％のアップになりました（図3-4）。

表 3-4　第 1 号介護保険料の

条　件		第 5 期	
世帯全員非課税 生活保護受給者	生活保護受給者など	第 1 段階	0.5
	年収 80 万円以下	第 2 段階	0.5
	年収 80 万円超 120 万円以下	特例第 3 段階	0.75
	年収 120 万円超	第 3 段階	0.75
本人非課税	年収 80 万円以下	特例第 4 段階	1.0
	世帯に課税者がいる	第 4 段階	1.0
本人課税	年収 120 万円未満	第 5 段階	1.25
	年収 120 万円以上 190 万円未満		
	年収 190 万円以上 290 万円未満	第 6 段階	1.5
	年収 290 万円以上		

社会保障審議会介護保険部会第 49 回(2013 年 9 月 25 日)資料 1「費用
注：「消費税 10% 時点」は，消費税が 10% に引き上げられた時点
段階の負担割合を引き下げる予定です．

都道府県別の平均では、沖縄県の六八五四円をトップに、埼玉県の五〇五八円まで、一七九六円のひらきがあります（表3-5）。

市区町村ごとにみると、基準額がもっとも高いのは福島県葛尾村の九八〇〇円、もっとも低いのは北海道音威子府村の三〇〇〇円で、三倍を超えるひらきがあります。厚労省の集計では、基準額が高い全国二〇保険者には、福島県の七保険者（四町三村）が入っています。

第一号介護保険料の基準額が高くなる理由は、介護認定を受ける機会が増える七五歳以上の被保険者の人数や、費用の高い施設サービスの整備数によるといわれています。

なお、厚労省は、「団塊の世代」が全員七五歳以上になる二〇二五年度には、介護保険の費用は二一兆円になり、第一号介護保険料の平均月額は八〇〇〇円を超えると推計しています(図3-4)。

消費税による負担軽減策

二〇一五年の介護保険法の改正では、消費税を一〇%に引き上げた増収分を投入して、翌年四月から、所得がもっとも低い第一段階の負担率を、〇・三倍に引き下げることを予定していました。しかし、消費税を一〇%にするのは、二度にわたって延期されました。

このため、消費税が八%の時点では、負担率は〇・五倍から〇・四五倍に減らすのにとどめて、二〇一九年一〇月に消費税が一〇%になったときに、〇・三倍まで引き下げる、という二段階の実施になりました(表3-4)。とはいえ、第六期(二〇一五～一七年度)の第一号介護保険料は、九割以上の市区町村が引き上げました。第五期(二〇一二～一四年度)にくらべて、全国平均で一

表 3-5　都道府県別の第 1 号介護保険料　（円）

第 7 期(2018～20 年度)第 1 号介護保険料基準額(月額)

沖縄県	6854	新潟県	6178	滋賀県	5973	神奈川県	5737
大阪府	6636	香川県	6164	広島県	5961	高知県	5691
青森県	6588	鹿児島県	6138	佐賀県	5961	奈良県	5670
和歌山県	6538	京都府	6129	岩手県	5955	北海道	5617
鳥取県	6433	三重県	6104	東京都	5911	長野県	5596
秋田県	6398	群馬県	6078	兵庫県	5895	愛知県	5526
熊本県	6374	福井県	6074	全国平均	5869	山口県	5502
愛媛県	6365	岡山県	6064	山梨県	5839	栃木県	5496
石川県	6330	福島県	6061	宮城県	5799	静岡県	5406
島根県	6324	富山県	6028	大分県	5790	茨城県	5339
徳島県	6285	山形県	6022	宮崎県	5788	千葉県	5265
長崎県	6258	福岡県	5996	岐阜県	5766	埼玉県	5058

厚生労働省「第 7 期計画期間における介護保険の第 1 号保険料及びサービス見込み量等について」より作成.

一%、上昇したので、〇・四五倍の負担軽減の効果は前期並みの水準にとどまりました。

年金からの天引き

第一号介護保険料の支払い方法は、年金が年間一八万円以上、つまり、月一万五〇〇〇円以上の人は、天引き(特別徴収)になります。年金からの特別徴収をされているのは二九六五万人(二〇一五年)で、納付率は当然、一〇〇%です。

しかし、月一万五〇〇〇円以上で天引きされるのは、負担段階があるとはいえ、収入が少ない年金生活者には厳しいものです。

厚労省は、ホームページで随時、『国民の皆様の声』を募集していますが、二〇一七年一二月の報告に「六五歳になり、健康保険料と介護保険料を納付すると生活が苦しく、食費等が少なくなる。介護保険サービスを受けなければ介護保険料が無駄になるではないか」という質問が紹介されていました。同じような質問がときどき掲載されているので、第一号介護保険料についての苦情が多いと思われます。

4章　介護保険の使い方

六五歳の誕生日を迎えて、介護保険の第一号被保険者になると、市区町村から介護保険証(介護保険被保険者証)が送られてきます。四〇～六四歳の第二号被保険者には、介護保険証の送付はなく、介護認定(要支援認定、要介護認定)を受けたときに、判定結果の通知とともに介護保険証が届きます。

しかし、サービスを利用するには、介護保険証を持っているだけでなく、市区町村に介護認定の申し込みをしなければなりません。なお、介護認定の費用には市区町村の一般財源が使われ、申し込みをする人に自己負担はありません。

介護認定をふくめて、介護保険の相談窓口になるのは、住んでいる市区町村の介護保険の担当課、あるいは、市区町村が設置している「地域包括支援センター」です。

1　地域包括支援センターに相談する

地域包括支援センターは、介護保険を財源に、市区町村が実施している地域支援事業のひとつです。「高齢者の総合相談窓口」が業務の中心で、社会福祉士や主任ケアマネジャー(主任介護支援専門員)、保健師などが配属されています。

ただし、多くの人が地域包括支援センターを知らない、という調査結果があります(株式会社三菱総合研究所『地域包括支援センターにおける業務実態や機能のあり方に関する調査研究事業報告書』)。その理由のひとつに、地域包括支援センターに愛称をつける市区町村が多いことがあると思います。

政令指定都市(人口五〇万人以上)二〇市を調べたところ、札幌市は「介護予防センター」、さいたま市は「シニアサポートセンター」、名古屋市は「いきいき支援センター」、熊本市は「ささえりあ」など、半数が愛称を使っていました。親しみやすさを考えたのだと思いますが、地域包括支援センターのことだとはわからない人も多いのではないでしょうか。

住んでいる市区町村、あるいは離れて暮らす親などの居住地にある地域包括支援センターの呼び名については、介護保険のパンフレットやホームページでたしかめておいてください。

2　介護認定を申し込む

介護保険のサービスを利用するための第一ステップは、介護認定を受けることです。介護認定は、市区町村の担当課、あるいは、市区町村が委託している地域包括支援センターに申し込み（申請）をします（図4-1）。

六五歳以上の第一号被保険者は、介護が必要になる原因を問わずに、申し込みをすることができます。

四〇～六四歳の第二号被保険者は、特定疾病（加齢にともなう疾病一六種類）を条件に、申し込みをすることができます（表4-1）。なお、特定疾病以外で支援が必要なときには、障害者総合支援法にもとづく障害福祉サービスなどを利用することになるので、市区町村の窓口に相談してください。

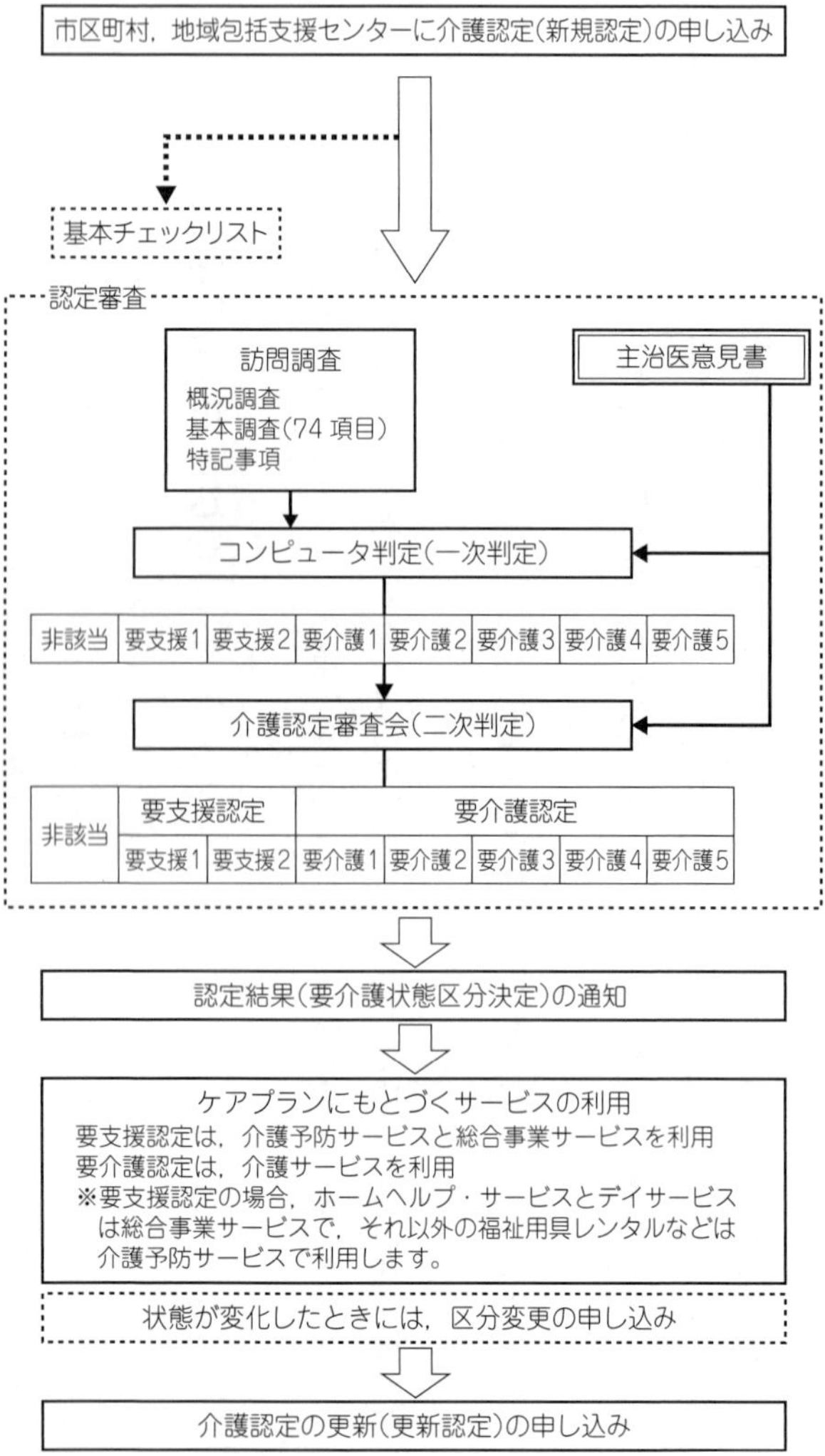

図 4-1　介護認定の手続き

介護認定には三種類

介護認定には、三種類あります。はじめて申し込む「新規認定」、二回目以降の「更新認定」、そして、認定の有効期間中に心身の状態が悪くなったときなどにやり直す「区分変更」の認定です。

認定には有効期間があります。サービスの利用をつづけるためには、有効期間が終わる二カ月前から、「更新認定」の申し込みをします。

表 4-1 第 2 号被保険者が介護認定を受けるための条件(特定疾病)

	16 種類の特定疾病
1	がん(末期)
2	関節リウマチ
3	筋萎縮性側索硬化症
4	後縦靱帯骨化症
5	骨折を伴う骨粗鬆症
6	初老期における認知症
7	進行性核上性麻痺，大脳皮質基底核変性症およびパーキンソン病
8	脊髄小脳変性症
9	脊柱管狭窄症
10	早老症
11	多系統萎縮症
12	糖尿病性神経障害，糖尿病性腎症および糖尿病性網膜症
13	脳血管疾患
14	閉塞性動脈硬化症
15	慢性閉塞性肺疾患
16	両側の膝関節または股関節に著しい変形を伴う変形性関節症

厚生労働省「介護保険制度について(40 歳になられた方へ)」より引用.

申し込みをする権利

ひとり暮らしや高齢夫婦などで、介護認定の申し込み手続きがむずかしいときには、家族や成年後見人のほか、社会保険労務士など代理の人に手続きをしてもらう「申請代行」を頼むことができます。

また、入院中でも申し込みはできますが、治療で心身の状態が変わりやすいことや、退院の時期とのかねあいもあるので、担当の医師や看護師、病院の医療相談室の相談員（ＭＳＷ＝医療ソーシャルワーカー）などに相談してください。

介護保険料を払っている被保険者には、認定を申し込む権利があります。ひとりで申し込むのが不安なときは、家族や友人などに同行してもらいましょう。

主治医意見書が必要

介護認定は、申請書に介護保険証を添えて、窓口に申し込みます。特定疾病のある第二号被保険者は、医療保険の被保険者証で、申し込みをします。

申請書の記入でポイントになるのは、「主治医」の名前と連絡先を書く欄があることです。

認定の申し込みを受けつけた後、市区町村は申請書に記入された医師に、主治医意見書を依頼します（表4-2）。主治医がいない人は、市区町村の窓口で、地元医師会の医師（指定医）を紹介してもらうことになります。

主治医は「かかりつけ医」とも呼ばれますが、介護保険では、主治医意見書を書く医師のことです。

総合病院などを利用している人の場合、担当医師は多忙なうえ、本人の自宅などでの日常生活を知ることは、ほとんどありません。このため、主治医意見書を依頼しても、認定の審査に必要な情報を記入してもらえない可能性があります。また、認定の審査が遅れる理由のひとつに、主治医意見書の提出が遅く、書類がそろわないことがあります。

ですから、主治医意見書を書いてもらう医師をだれにするのかは、まず、よく考えてみてください。そして、主治医意見書を依頼した医師には、認定を受ける本人や家族がくわしく説明をして、適切な記入をしてもらってください。

なお、二〇〇四年、社会保障審議会の介護保険部会（貝塚啓明部会長）に「訪問診察しなければ、主治医意見書は書けないように法的に対応すべき」という意見書が出されたことがありま

表 4-2　主治医意見書のおもな項目

主治医意見書
1　傷病に関する意見
(1) 診断名 (2) 症状としての安定性 (3) 生活機能低下の直接の原因となっている傷病または特定疾病の経過及び投薬内容を含む治療内容
2　特別な医療(過去 14 日間以内に受けた医療)
3　心身の状態に関する意見
(1) 日常生活の自立度等について (2) 認知症の中核症状(認知症以外の疾患で同様の症状を認める場合を含む) (3) 認知症の周辺症状(認知症以外の疾患で同様の症状を認める場合を含む) (4) その他の精神・神経症状 (5) 身体の状態
4　生活機能とサービスに関する意見
(1) 移動 (2) 栄養・食生活 (3) 現在あるかまたは今後発生の可能性の高い状態とその対処方針 (4) サービス利用による生活機能の維持・改善の見通し (5) 医学的管理の必要性 (6) サービス提供時における医学的観点からの留意事項 (7) 感染症の有無
5　特記すべき事項

公益財団法人長寿科学振興財団「健康長寿ネット」「主治医意見書の様式」より引用.

すが、その後、検討はされていません。

訪問調査にもとづく一次判定

介護認定を申し込んでから、審査の結果が届くまで「原則三〇日以内」で、およそ一カ月かかります。認定の審査は、訪問調査項目などをコンピュータにかけた一次判定、市区町村が設置する認定審査会による二次判定と二段階の手続きがあります（図4-1）。

認定の申請書を出した後、一週間をめどに、訪問調査員（認定調査員）から連絡がきて、訪問調査がおこなわれます。入院している人の場合には、訪問調査員が病院に行きます。

訪問調査員は、市区町村の職員や、市区町村から委託されたケアマネジャーで、認定調査員研修を修了した人です。市区町村が発行した「認定調査員証」（市区町村の職員の場合は身分証）を携帯し、はじめての訪問では、身分証明証を示して、名乗ることになっています。

訪問調査には、現在の状況をきく「概況調査」、心身の状態などを確認する七四項目の「基本調査」（表4-3）、そのほかの記入をする「特記事項」の三種類があります。調査には、三〇〜六〇分ほどかかります。

また、「日常生活自立度について」という項目があり、「障害高齢者の日常生活自立度（寝たきり度）」（表1-1）と「認知症高齢者の日常生活自立度」（表1-2）もチェックします。「基本調査」の質問項目などは、公開されています。くわしい内容を知りたいときは、厚生労働省（厚労省）のホームページから、『認定調査員テキスト2009改訂版（二〇一八年四月改訂）』で検索してください。

訪問調査の注意点

電話相談では、訪問調査の「基本調査」について、「本当はできないのに、本人が全部『できます』と答えてしまう」という家族などの嘆きを聞くことがあります。

訪問調査は、日常の状態を調べますが、訪問調査員を前にすると、多くの人が緊張してしまいます。また、「できない」と素直に言うのをためらう心情もあります。勘違いの返事をしたり、認知症などで質問が理解できないこともあります。

訪問調査に気がかりや不安があるときは、家族や親しい人が、時間を調整して、立ち会うことも大切です。すでに、認知症グループホームや特定施設（介護付有料老人ホームなど）、施設サ

表 4-3　基本調査の項目

基本調査項目

第1群　身体機能・起居動作	第4群　精神・行動障害
1-1　麻痺	4-1　被害的
1-2　拘縮	4-2　作話
1-3　寝返り	4-3　感情が不安定
1-4　起き上がり	4-4　昼夜逆転
1-5　座位保持	4-5　同じ話をする
1-6　両足での立位	4-6　大声を出す
1-7　歩行	4-7　介護に抵抗
1-8　立ち上がり	4-8　落ち着きなし
1-9　片足での立位	4-9　一人で出たがる
1-10　洗身	4-10　収集癖
1-11　つめ切り	4-11　物や衣類を壊す
1-12　視力	4-12　ひどい物忘れ
1-13　聴力	4-13　独り言・独り笑い
第2群　生活機能	4-14　自分勝手に行動する
2-1　移乗	4-15　話がまとまらない
2-2　移動	**第5群　社会生活への適応**
2-3　えん下	5-1　薬の内服
2-4　食事摂取	5-2　金銭の管理
2-5　排尿	5-3　日常の意思決定
2-6　排便	5-4　集団への不適応
2-7　口腔清潔	5-5　買い物
2-8　洗顔	5-6　簡単な調理
2-9　整髪	**その他**
2-10　上衣の着脱	過去14日間にうけた特別な医療について
2-11　ズボン等の着脱	
2-12　外出頻度	
第3群　認知機能	
3-1　意思の伝達	
3-2　毎日の日課を理解	
3-3　生年月日をいう	
3-4　短期記憶	
3-5　自分の名前をいう	
3-6　今の季節を理解	
3-7　場所の理解	
3-8　徘徊	
3-9　外出して戻れない	

厚生労働省「認定調査員テキスト2009改訂版(2018年4月改訂)」より引用.

ービスなどを利用している人にも、更新認定の訪問調査がありますから、日時をたしかめて同席するようにしてください。

なお、介護認定に使われた訪問調査票や主治医意見書は、市区町村に情報公開の請求をすることで、入手できます。

認定審査会の二次判定

訪問調査で回答した「基本調査」の七四項目と、主治医意見書のデータがコンピュータにかけられて、全国共通の一次判定の結果が出ます。この一次判定の結果と、訪問調査員が生活状況などを記録した「特記事項」、主治医意見書をもとに、市区町村の介護認定審査会で二次判定がおこなわれます。介護認定審査会は、介護や医療の専門家の委員で構成される「合議体」で、必要な場合には一次判定の修正をおこないます。

そして、二次判定の結果が「要介護認定・要支援認定等結果通知書」として、市区町村長名で、申請書に記入された送付先に郵送されてきます。

「更新認定」の見直し

二〇一八年四月から、介護認定が二回目以降になる「更新認定」の人は、前回の一次判定（コンピュータ判定）と二次判定（介護認定審査会の判定）が同じだった場合など、いくつかの条件にあてはまる場合、二次判定を省略して、コンピュータの一次判定だけで審査する、という見直しがおこなわれました。

厚労省は、この見直しを「簡素化」と呼び、「更新認定」を受ける人の二三％が対象になると想定しています。対象になる人の一次判定と二次判定の一致率は、九七％になるという説明もあります。

しかし、三％の人は、一致していないのです。「更新認定」を受けて、認定ランクの判定に疑問があるときは、市区町村に説明を求めるなど、十分に注意してください。

3　介護認定の結果

介護認定のランク（要介護度）は、サービスは必要がないと判断された自立（非該当）をふくめて、介護の必要度が低いほうから要支援1、2(要支援認定)、要介護1〜5(要介護認定)の八段階になります。

一般的には、認定ランクが低く判定された人を「軽い」と表現します。しかし、認定ランクがつくことそのものが、介護保険の支援が必要な状態をしめしているので、この本では「低い」と「高い」で書きます。

認定ランクと利用限度額

厚労省は、認定ランクについて、「介護サービスの必要度(どれ位、介護のサービスを行う必要があるか)を判断するものです。従って、その方の病気の重さと要介護度の高さとが必ずしも一致しない場合があります」と説明しています(『要介護認定はどのように行われるか』)。

認定ランクで重要なのは、どのくらいサービスを使えるのか、ということです。介護保険では、認定ランクごとに、一割(原則です)の自己負担(利用料)で使うことができる利用限度額(区分支給限度基準額)が決められています(表4-4)。利用限度額は月極めの「単位」で決められていて、認定ランクが高くなるほど多くなり、必要なサービスを増やすことができます。

表 4-4 認定ランクごとの利用限度額

	区分支給限度基準額(単位)						
2000〜05 年度	要支援		要介護 1	要介護 2	要介護 3	要介護 4	要介護 5
	6150		1万6580	1万9480	2万6750	3万600	3万5830
2006〜13 年度	要支援 1	要支援 2	要介護 1	要介護 2	要介護 3	要介護 4	要介護 5
	4970	1万400	1万6580	1万9480	2万6750	3万600	3万5830
2014 年度以降	5003	1万473	1万6692	1万9616	2万6931	3万806	3万6065

注：1 単位は住んでいる市区町村によって，10 円〜11.4 円まで幅があります(表 5-1 参照).

申請日からサービスは利用できる

少しややこしいのですが、介護認定の結果は、申し込み（申請）をした日までさかのぼって、有効になります。このため、緊急に必要なときは、結果の通知書を待たずにサービスを利用することができます。

ただし、すぐに利用するときは、認定ランクが決まっていないので、利用限度額がわかりません。通知書が届く前にサービスを利用したときは、いったんサービス料金（介護報酬）の全額（一〇割）を支払います。そして、認定ランクがわかってから、利用限度額に応じて、自己負担を差し引いて、給付費の分を返してもらう「償還(しょうかん)払い」になります。通知された認定ランクの利用限度額を超えてサービスを利用していた場合は、超えた部分の費用は自費になります。

このような制約はありますが、すぐにサービスが必要なときには、介護認定の申請とともに、市区町村の窓口や地域包括支援センターにためらわずに相談してください。

介護認定の有効期間

介護認定には、認定を受けた人の心身の状態が変化するため、有効期間が設けられています。認定ランクの通知書には有効期間が記入されているので、必ずたしかめてください。

有効期間は原則、六カ月ですが、市区町村の介護認定審査会の意見にもとづいて、三カ月〜六カ月の範囲で変わることもあります。

また、二回目以降の「更新認定」では、それぞれの状態に応じて、最長で三六カ月(二〇一八年四月以降)まで有効期間が延長されることもあります。

審査結果への疑問

介護認定の結果に疑問があるときは、決定をした市区町村の介護保険担当課に、まず相談してください。説明を聞いても納得できない場合は、市区町村の判断に不服を申し立てることができる行政不服審査法にもとづいて、都道府県が設置している介護保険審査会に申し込み(請求)をして、調査をしてもらうことができます。

ただし、行政不服審査の請求には期限があり、認定通知が届いた日から三カ月以内に申し込まなければなりません。手続きは、市区町村の介護保険担当課など担当窓口でおこないます。

なお、行政不服審査の相談をした段階で、市区町村が認定の手続きの不備に気がついて、「再認定」の判断をすることもあります。また、行政不服審査請求の調査には時間がかかるため、「区分変更」の申し込みをすすめられることもあります。

総務省は、行政不服審査法にもとづく請求がどのくらいあるのかを集計しています。二〇一四年度は社会保障関係の申し立てが大幅に増えていますが、そのなかで、介護保険法に関する申し立ては二五八五件で、前年度に比べて倍増しています(『行政不服審査法等の施行状況に関する調査結果』)。

しかし、総務省の調査では、介護保険法への行政不服審査の請求のうち介護認定の結果について、どのくらいの人が申し立てをしたのかはわかりません。

福岡大学法学部の山下慎一准教授の『要介護認定に関する審査請求の実態』の調査では、年平均で二八九・七件の審査請求があり、「全国平均は〇・〇一四％で、およそ七〇〇〇人に一人が提起」していると報告されています。

介護認定をめぐり裁判で争われたケースでは、「要介護から『非該当』に 名古屋市の判定、取り消す判決」(二〇一八年三月九日、朝日新聞)という報道がありました。認知症の人が要介護1から自立(非該当)になったことを不服とした裁判で、名古屋地方裁判所は、「審査判定過程に看過しがたい過誤・欠落があった」として、名古屋市の決定を取り消しました。このような裁判をおこすことができるのは、行政不服審査の請求をして、都道府県の介護保険審査会で却下されてからになります。

4 認定システムの課題

電話相談のたびに、「認定ランクが軽いのではないか」という声が、必ずといっていいほど届きます。この疑問は、つぎに説明するように、当然のことだと思います。

厚労省は、介護認定を「科学的な判定」と説明しています。一次判定では、コンピュータによる「介護の手間に係る審査」がおこなわれ、二次判定の「状態の維持・改善可能性に係る審査」とあわせて総合的に判断するとされています。

納得できない人が多い理由

介護認定のコンピュータ判定は、『高齢者介護実態調査』にもとづいて、認定ランクごとに「『介護の手間』にかかる時間」を計算してつくられています。ただし、名前は『高齢者介護実態調査』ですが、調査の対象になったのは、特別養護老人ホームなど施設サービスを利用している人たちでした。介護職員が、調査の対象になった人にどのような支援を提供しているのか、四八時間、調査員が一分ごとに動きを記録した「一分間タイムスタディ」というデータが、「『介護の手間』にかかる時間」の計算に使われています。

二〇一八年現在、判定に使われているのは、二〇〇七年の調査データです。調査そのものは大変な労力を費やしていますが、対象になった人は、要介護3以上が八割と偏在もしています。

このため、残念ながら、要支援1から要介護2まで、あるいは自宅などで在宅サービスを利用する人に必要な「『介護の手間』にかかる時間」については、調査がないのです。

介護認定の見直し

二〇〇五年の介護保険法の改正で、要介護1の認定ランクが、要支援2と要介護1にわけられました。この改正にともない、二〇〇六年四月から、一次判定で要介護1になった人は、二次判定で介護認定審査会の委員が要支援2か要介護1かを判断することになりました。

つづいて、二〇〇九年四月からは、コンピュータによる一次判定で、要支援2と要介護1を自動判定するようになりました。同時に、訪問調査員が項目をチェックする判断基準、介護認定審査会が一次判定を検討する修正基準が変更されました。また、訪問調査の「基本調査」八二項目を七四項目に減らす見直しがありました。削除されたのは、「幻視幻聴」、「暴言暴行」、「火の不始末」、「不潔行為」、「異食行動」などで、回答にばらつきがあり、訪問調査員も判断に迷うためだと説明されました。

当時、国会では、「従来よりも軽度に判定されたとしても、その結果は介護の状況をより的確に反映したものである」という政府答弁がありました。

システム変更をめぐるトラブル

ところが、介護認定のシステム変更により、自立(非該当)と判定される人が増え、要支援1、要支援2、要介護1の人には、さらに低い判定が出るようになりました。厚労省が、事前に検証することなく、変更を加えていたことが原因でした。

二〇〇九年四月、国会では、厚労省が「介護認定審査委員の関与を減らし、地域差をなくすとともに、当初想定していた割合(要支援2と要介護1の割合が7：3)に近づける」としていた内部文書『介護給付費の縮減効果額(給付費ベース)』などが発覚しました(二〇〇九年四月三日、毎日新聞)。コンピュータ判定を変更して、認定ランクが低い人を増やし、給付費を減らそうとしていたのです。

国会の批判を受けて、舛添要一厚生労働大臣(当時)は、要介護認定の見直しに係る検証・検討会(田中滋座長)を設け、同年七月、「事前の検証や周知が十分に行われたとは言いがたく、結果として現場の大きな混乱を招いた」と結論を出しました。そして、すでに自立、あるいは認定ランクが低く判定された人には、再認定を受ける経過措置期間が設けられ、新たな認定システムになり、現在にいたっています。

認定を受けなければ、介護保険のサービスを利用することはできません。被保険者はシステムの公平性や情報公開などを、常に求めつづけなければなりません。

5 「基本チェックリスト」の登場

二〇一五年四月から、介護認定の申し込みの手続きは、さらに複雑になりました。その発端は、二〇〇五年の介護保険法の改正までさかのぼります。

「基本チェックリスト」と介護予防事業

介護保険がスタートしたとき、自立(非該当)と判定された人は、サービスを利用することができませんでした。しかし、二〇〇五年の介護保険法の改正で、市区町村が実施する地域支援事業が新設されて、翌年四月から、自立と判定された人には地域支援事業のメニューにある介護予防事業への参加がすすめられるようになりました(表6-2)。

介護予防事業には、ふたつありました。ひとつは一次予防施策(旧一般高齢者施策)で、元気な高齢の人を対象に、「介護予防」を普及するための講演会やイベントなどが開かれました。ふたつめの二次予防施策(旧特定高齢者施策)では、「基本チェックリスト」(表4-5)という簡単な審査を受けた人を対象に、筋力トレーニングなどがおこなわれました。

介護予防事業の登場により、介護認定で自立(非該当)と判定された人のほか、認定の申し込みをしていない六五歳以上の人も、介護保険の事業の対象になりました。

認定を受けているかどうかを問わず、介護保険料を払っている被保険者への事業を広げるのは、よいことのようにみえます。しかし、介護予防事業の費用は、あらたに確保されたわけではありません。要支援認定(要支援1、2)の人を、サービス料金(介護報酬)の低い介護予防サービス(予防給付)に移して、減らした分の給付費で、自立の人への事業がおこなわれるというものでした。

介護予防・日常生活支援総合事業

二〇一一年の介護保険法の改正で、今度は地域支援事業に、介護予防・日常生活支援総合事業(「旧総合事業」と呼ばれます)が追加されました。そして、認定で自立になった人だけでなく、

表 4-5 「基本チェックリスト」の 25 項目

日常生活関連動作	1 バスや電車で1人で外出していますか 2 日用品の買い物をしていますか 3 預貯金の出し入れをしていますか 4 友人の家を訪ねていますか 5 家族や友人の相談にのっていますか
運動器の機能	6 階段を手すりや壁をつたわらずに昇っていますか 7 椅子に座った状態から何もつかまらず立ち上がっていますか 8 15分位続けて歩いていますか 9 この1年間に転んだことがありますか 10 転倒に対する不安は大きいですか
低栄養状態	11 6ヵ月で2〜3 kg 以上の体重減少がありましたか 12 身長，体重
口腔機能	13 半年前に比べて固いものが食べにくくなりましたか 14 お茶や汁物等でむせることがありますか 15 口の渇きが気になりますか
閉じこもり	16 週に1回以上は外出していますか 17 昨年と比べて外出の回数が減っていますか
認知症	18 周りの人から「いつも同じ事を聞く」などの物忘れがあると言われますか 19 自分で電話番号を調べて，電話をかけることをしていますか 20 今日が何月何日かわからない時がありますか
うつ	21 (ここ2週間)毎日の生活に充実感がない 22 (ここ2週間)これまで楽しんでやれていたことが楽しめなくなった 23 (ここ2週間)以前は楽に出来ていたことが今ではおっくうに感じられる 24 (ここ2週間)自分が役に立つ人間だと思えない 25 (ここ2週間)わけもなく疲れたような感じがする

厚生労働省「基本チェックリストの考え方について」より引用.

要支援認定の人も対象とされました。ただし、このときは、旧総合事業の実施は市区町村の判断にまかせられていたので、ほとんどおこなわれませんでした。

つづく二〇一四年の介護保険法の改正で、介護予防・日常生活支援総合事業は、通称「新総合事業」にリニューアルされました。

新総合事業では、一次予防施策は、一般介護予防事業に名前が変わりました。そして、二次予防施策は廃止されて、「介護予防・生活支援サービス事業」（通称　総合事業サービス）になりました（表6-2）。

要支援1、2の人も「基本チェックリスト」

前段の説明が長くなりましたが、ここからがポイントです。

二〇一五年度から、要支援認定の人への在宅サービスのなかで、介護予防ホームヘルプ・サービスと介護予防デイサービスのふたつだけが、総合事業サービスに移りました。介護予防ホームヘルプ・サービスは訪問型サービス（第一号訪問事業）、介護予防デイサービスは通所型サービス（第一号通所事業）になりました（6章の3参照）。

認定の申し込みをしたときに、①市区町村や地域包括支援センターが要支援認定になると判断した場合、あるいは、②本人が訪問型サービスと通所型サービスだけを希望した場合は、認定の審査をおこなわず、「基本チェックリスト」に替えていいことになりました(図4-2)。

介護認定の申し込みをするときの注意事項

認定の申し込みのときに、市区町村の判断で「基本チェックリスト」にまわしてもいいことになったのは、被保険者にとっては要注意事項です。

「新規認定」の申し込みをする人には、すべて審査をおこなう方針のところもありますが、住んでいる市区町村によって、ふりわけるかどうかの判断はさまざまになります。市区町村の窓口や地域包括支援センターで、「基本チェックリスト」をすすめられたとき、あるいは、認定の申請は受けつけないと言われたときには、必ず理由をたしかめてください。

また、介護予防ホームヘルプ・サービスと介護予防デイサービスをのぞいて、介護予防福祉用具レンタルなどは、介護保険の在宅サービスのままです。

総合事業サービスと在宅サービスをあわせて利用するときは、認定の審査を希望することを

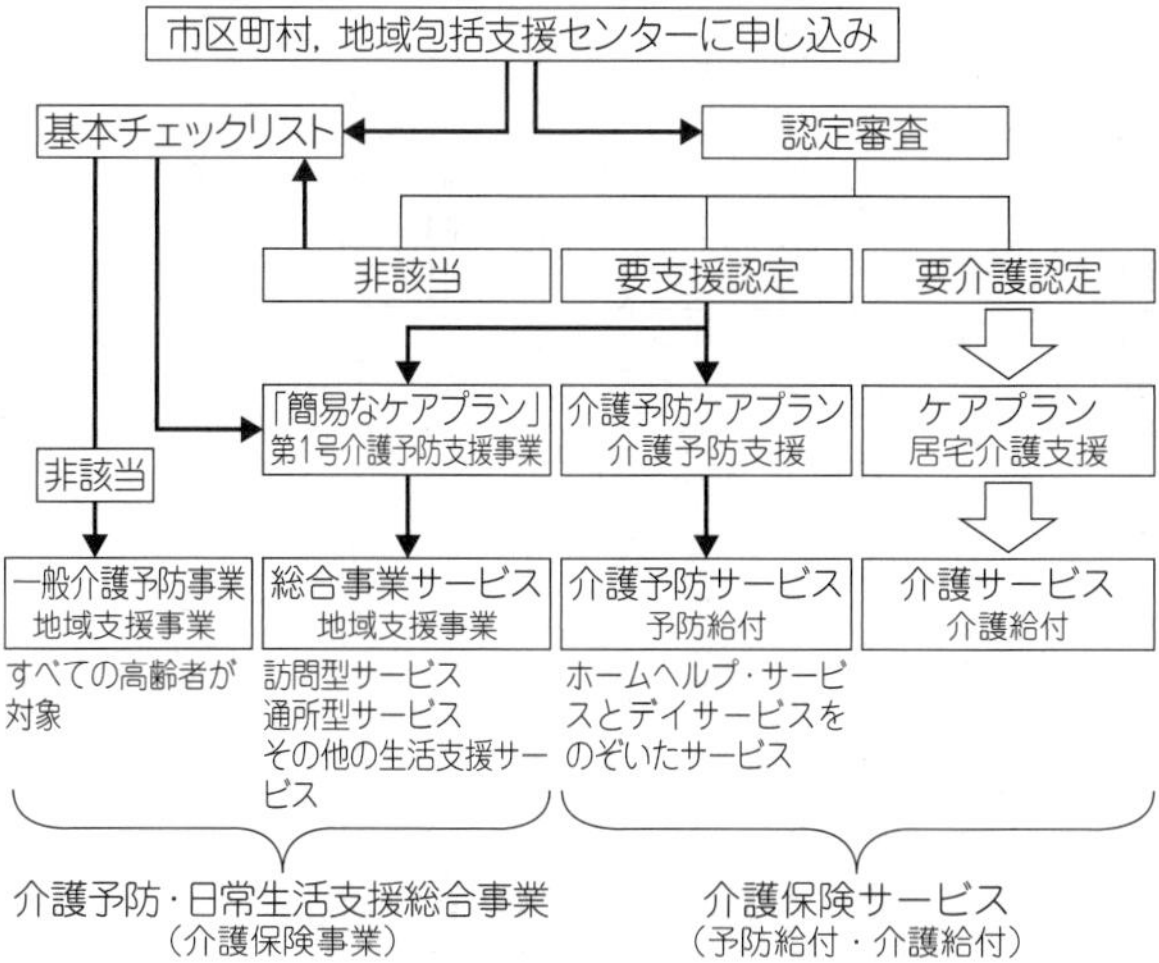

注 1：「簡易なケアプラン」と介護予防ケアプランは地域包括支援センターの担当者，ケアプランは居宅介護支援事業所に所属するケアマネジャーが担当します．

注 2：2014 年の介護保険法の改正で，要支援認定の人への介護予防ホームヘルプ・サービスと介護予防デイサービスは，総合事業サービスに移りました．このため，訪問型サービスと通所型サービスだけを希望する場合は，市区町村の判断で認定審査を受けず，基本チェックリストにもとづいて，利用することになりました．そのほかの介護予防サービスもあわせて利用を希望する場合は，認定審査を受ける必要があります．

注 3：認定審査を受けて「非該当」(自立)と判定された人は，「基本チェックリスト」にもとづいて，総合事業サービスを利用することができます．「基本チェックリスト」で該当しなかった場合は，一般介護予防事業の対象になります．

図 4-2　認定ランクとケアプラン，サービスの関係

伝えて、申請を受けつけてもらいましょう。

6　ケアプランをつくる

介護保険のサービスを利用するための第二ステップとして、介護認定を受けたあと、どのサービスを利用するのか、自己負担はいくらになるのかを計算しながら、ケアプラン（介護予防サービス・支援計画、居宅サービス計画）をつくります。

ケアプランをつくるのを支援するために、介護保険には、ケアマネジメントというサービスがあります。要支援認定（要支援1、2）の人には、介護予防ケアマネジメント（介護予防支援）で、地域包括支援センターのケアプラン担当者がつきます。要介護認定（要介護1～5）の人には、ケアマネジメント（居宅介護支援）で、ケアマネジャー（介護支援専門員）がつきます。

なお、ケアマネジメントの介護報酬には、利用する人の自己負担はありません。

すべての利用者にケアプランがある

介護認定を受けた人は、地域包括支援センター、あるいはケアマネジャーが所属する事業所と契約をします。そして、地域包括支援センターのケアプラン担当者かケアマネジャーの訪問を受けて、ケアプランを検討します。ケアプランができたら、サービスを提供する事業所を選んで契約をして、利用がスタートします。

また、契約した事業所は、ケアプランとは別に「サービス提供計画」（ホームヘルプ・サービスであれば「訪問介護計画」など）にもとづいて、サービスを提供します。

ケアマネジメントを利用するのは、自宅のほか、住宅型有料老人ホームやサービス付き高齢者向け住宅などに暮らしている人になります（6章の4参照）。ケアプランの書式は、要支援認定の場合は介護予防ケアプラン（介護予防サービス・支援計画書）、要介護認定の場合はケアプラン（居宅サービス計画書）と呼びます。

ただし、ケアマネジャーなどが担当しない地域密着型サービス（認知症グループホームと小規模有料老人ホーム、小規模特別養護老人ホーム）や、特定施設（介護付有料老人ホームなど）のほか、特別養護老人ホームなどの施設サービスを利用する人も、それぞれの事業所で、ケアマネジャーの資格をもつ計画作成担当者が、ケアプラン（施設サービス計画書など）をつくります。

つまり、介護保険のサービスを利用する人には、すべてケアプランがあります。

要支援認定の人は、ふたつのケアプラン

「基本チェックリスト」のところで紹介したように、二〇一五年四月から、要支援認定の人のなかに、総合事業サービス（訪問型サービスと通所型サービス）だけを利用するケースが登場しました。この場合は、地域包括支援センターのケアプラン担当者と第一号介護予防支援事業で、「簡易なケアプラン」をつくることになりました。

そして、総合事業サービスのほかに、在宅サービスも利用する人は、第一号介護予防支援事業と介護予防ケアマネジメントのふたつのケアマネジメントを利用することになりました。ただし、ケアプランの書式は、「介護予防サービス・支援計画書」で、ひとつにまとめられています。

7 サービスの種類

ケアプランをつくるには、どのようなサービスが選べるのかを知る必要があります。

介護保険のサービスは、二〇一八年現在、「全二六種類五四サービス」(介護医療院をふくみます)です。たとえば、福祉用具レンタルは一種類です。しかし、要支援認定の人が利用する介護予防福祉用具レンタル(予防給付)と、要介護認定の人が利用する福祉用具レンタル(介護給付)で、合計二サービスという数え方をします。

さらに、サービスは①自宅などで利用する在宅サービス(正式には「居宅サービス」と呼びます)、②特別養護老人ホームなどの施設サービス、③地域密着型サービスに三分類されています(表4-6)。

さまざまなタイプの在宅サービス

介護保険を利用する人の八割は、在宅サービスを選んでいます。しかし、在宅サービスは、系統別にわけられて、とても複雑です。

「訪問通所系」の「訪問」は、ホームヘルパーのほか、訪問看護師、理学療法士や作業療法士などのリハビリテーション専門職などが訪ねてくるサービスです。

	小規模デイサービス		8.4
	認知症デイサービス	4.9	12.7
	小規模多機能型居宅介護	6.8	20.9
	看護小規模多機能型居宅介護		25.4
居住系			
	認知症グループホーム	24.0	27.6
	小規模特定施設		21.3
施設系	小規模特別養護老人ホーム		28.7

厚生労働省「2016年度介護給付費等実態調査の概況」より作成.
注1：平均費用(月額)は「ひとり当たり費用」で，利用料をふくみます.
注2：利用料は，所得に応じて費用の1割を基本に，2割，3割(2018年8月以降)があります.
注3：ケアマネジメントには，利用料はありません.
注4：福祉用具購入と住宅改修は「ひとり当たり費用」の計算はありません.

「通所」は、利用する人が出かけるデイサービス、デイケア（通所リハビリテーション）などで、車による送迎がついている事業所がほとんどです。

ショートステイは、「短期入所」と呼ばれますが、介護する家族などの外出時やレスパイト（息抜き）のために、特別養護老人ホームなどの施設に一時的に滞在するサービスです。少数ですが、介護付有料老人ホームや認知症グループホーム、小規模多機能型居宅介護などで、「短期利用」を提供しているケースもあります。

「医療系」の居宅療養管理指導は、医師や薬剤師などが訪問します。

「居住系」は介護付有料老人ホームが代表例ですが、特定施設（特定施設入居者生活介護）の指定を受け

表 4-6　介護保険のサービスの種類と平均費用(月額)　(万円)

		介護予防サービス(要支援1，2)	介護サービス(要介護1〜5)
総数		3.5	19.1
在宅サービス		3.0	12.0
訪問通所系		2.8	10.5
	ホームヘルプ・サービス		7.3
	訪問入浴	3.7	6.7
	訪問看護	3.4	4.9
	訪問リハビリテーション	3.3	4.0
	デイサービス		9.1
	デイケア	3.4	8.4
	福祉用具レンタル	0.6	1.5
ショートステイ		3.8	10.5
	特別養護老人ホーム	3.7	10.5
	老人保健施設	4.5	9.1
	介護療養病床	4.0	11.5
医療系	居宅療養管理指導	1.1	1.3
居住系	特定施設	8.1	21.3
ケアマネジメント		0.5	1.4
その他			
福祉用具購入，住宅改修			(注 4)
施設サービス			29.1
生活施設	特別養護老人ホーム		27.5
療養施設			
	老人保健施設		29.7
	介護療養病床		38.9
	介護医療院		—
地域密着型サービス		7.9	16.3
訪問通所系			
	夜間ホームヘルプ・サービス		3.6
	定期巡回・随時対応サービス		16.0

た事業所が提供するサービスです。少数ですが、サービス付き高齢者向け住宅やケアハウスにも、特定施設の指定を受けているところがあります。

電話相談では、ショートステイや介護付有料老人ホームを「施設」と呼ぶ人が多いのですが、介護保険では、施設サービスには分類されていないのです。

施設サービスは、一時的に四種類

施設サービスは、要介護認定の人が選ぶことができます。

介護保険がはじまって以来、施設サービスは、特別養護老人ホーム(介護老人福祉施設)と老人保健施設(介護老人保健施設)、介護療養病床(介護療養型医療施設)の三種類で、「介護保険三施設」とも呼ばれてきました。

特別養護老人ホームは、社会福祉法人の運営が多い「生活施設」、老人保健施設と介護療養病床は、医療法人が運営する「療養施設」と定義されています。

なお、二〇一四年の介護保険法の改正で、特別養護老人ホームは、要介護3以上の認定を受けた人が利用するのが原則になりました(6章の4参照)。

最初に、施設サービスは三種類でしたと過去形で説明したのは、二〇一七年の介護保険法の改正で、「介護医療院」という新しい施設がつくられたからです。介護医療院はニュータイプではなく、介護療養病床が転換するほか、医療保険が適用されている医療療養病床、一般病院や診療所も参入できることになりました。

介護療養病床の介護医療院への転換には、二〇二四年三月まで猶予期間があります。このため、介護療養病床の転換が終わるまで、施設サービスは一時的に四種類になります。

地域密着型サービスは九種類

二〇〇五年の介護保険法の改正で、新たな分類として地域密着型サービスがつくられました。厚労省は「住み慣れた地域での生活を支えるため、身近な市町村で提供されることが適当なサービス」と説明しました。

在宅サービスや施設サービスは、都道府県と政令指定都市が事業所を指定します。しかし、地域密着型サービスは、保険者である市区町村が事業所の指定をして、指導・監督をします。

そして、事業所を指定した市区町村に住民票がある人が利用できるのが特徴です。となりあう市区町村などが、同じ事業所を相互に指定する「例外的取扱い」もありますが、住んでいる市区町村が指定をしなければ、選ぶことができないのです。

二〇一八年現在、地域密着型サービスには、かつては都道府県などが指定していた三サービス、小規模化した二サービス、新タイプの四サービスがあり、合計九種類になります。

地域密着型サービスに引っ越した三サービスは、認知症グループホーム(認知症対応型共同生活介護)と認知症デイサービス(認知症対応型通所介護)、二〇一六年四月から加わった、小規模事業所(定員一八人以下)が提供する小規模デイサービス(地域密着型通所介護)です。

小規模化された二サービスは、小規模特定施設(小規模介護付有料老人ホームなど)と小規模特別養護老人ホームで、どちらも定員二九人以下のミニ施設です。

新タイプの四サービスは、夜間ホームヘルプ・サービス(夜間対応型訪問介護)と小規模多機能型居宅介護(「ショウタキ」と略されます)、定期巡回・随時対応サービス(定期巡回・随時対応型訪問介護看護)と看護小規模多機能型居宅介護(旧複合型サービス、「カンタキ」と略されます)です。

要支援認定の人が選ぶことができるのは、認知症グループホームと認知症デイサービス、小規模多機能型居宅介護の三サービスです。なお、認知症グループホームは要支援2以上の人が対象です。

二〇一八年一月の時点で、利用する人が多いのは、小規模デイサービスの四〇万人、認知症グループホームの二〇万人です。どちらも、在宅サービスのときから選ぶ人が多かったサービスです。

事業所を調べる方法

認定を受けた人が、サービスを提供する事業所を選ぶには、情報が必要です。

介護保険のスタートから六年遅れて、二〇〇六年四月から「介護サービス情報の公表制度」がはじまりました。目的は、①利用する人がサービスを選ぶことができるように情報を提供する、②事業所の「サービスの質の向上」をはかる、のふたつです。

介護保険の指定を受けた事業所は、都道府県と政令指定都市（二〇一八年四月以降）が設置した指定情報公表センターに、職員体制などの「基本情報」と、マニュアルの有無などの「調査情報」を報告します。「調査情報」では、必要に応じて調査員が事業所を訪問して、内容の確認をします。このふたつの情報は、厚労省のホームページで、「介護事業所・生活関連情報検索」

か「介護サービス情報公表システム」で検索できます。

インターネットでは、希望するサービスや利用する人の住所など複数の条件を入力して、事業所を調べることができます。ただし、事業所の候補をピックアップする、あるいは複数の事業所を比較する作業はできますが、最終的な判断材料にするには不十分です。検索した情報をもとに、地域包括支援センターのケアプラン担当者やケアマネジャーにアドバイスを求めてください。

電話相談では、すでに利用している人から評判を聞いたという事例がありますが、サービスや事業所が適切かどうかには、個人差があることにも留意してください。

また、納得して利用できるように、候補にした事業所に電話をして対応をたしかめる、デイサービスやショートステイなど滞在型サービスは、試食もふくめて見学をする、施設サービスは宿泊体験をするなど、事前に手間と時間を使うことも大切なプロセスになります。

福祉サービスの第三者評価

二〇〇〇年度から、「福祉サービス第三者評価事業に関する指針」にもとづき、介護保険をふくめて、障害福祉サービスや児童福祉サービス（保育サービスなど）も対象に、「福祉サービスの第三者評価」がおこなわれています。

都道府県ごとに第三者評価推進機構を設置して、都道府県の認証をうけた第三者評価機関の評価者が、事業所の評価に入り、その結果が『福祉サービス第三者評価情報』（独立行政法人福祉医療機構）として公表されています。

第三者評価を受けるかどうかは事業所にまかされています。介護保険のサービスでは二〇一六年度、第三者評価を受けているのは特別養護老人ホームの六％が一番多くなります。公表されている情報は限られていますが、参考にすることはできます。

なお介護サービス情報の公表制度と福祉サービス第三者評価情報は、どちらもインターネットで調べることになります。インターネットの環境がない人は、家族や地域包括支援センターの担当者、ケアマネジャーなどに協力を求めてください。

5章　介護保険にかかるお金

介護保険のサービス料金は、「介護報酬」と呼ばれます。介護認定を受けてサービスを利用する人は、介護報酬の一定の割合を自己負担(利用料)として事業所に支払います。一定の割合は、一割を原則に、所得に応じて二割と三割(二〇一八年八月以降)があります。

また、介護報酬は、サービスの種類や提供スタイルなどで計算方法が変わるほか、三年ごとにおこなわれる改定で、さまざまな見直しが重ねられています(図7-1)。

介護報酬は、サービス別に、「基本報酬」(基本サービス費)と「加算報酬」(加算)を組みあわせて、「係数」(円)をかけて計算されます(図5-1)。

働く人の基本給と諸手当の関係に似ていますが、基本報酬は、サービスを提供したすべての事業所に支払われます。ただし、サービスの種類によって、あるいは利用する人の認定ランク

サービス料金(円) ＝ {基本報酬＋加算報酬(単位)} × 係数(円)

図 5-1　サービス料金(介護報酬)の計算方法

に応じて、時間単位、日数単位、月単位など計算方法が変わります。加算報酬は、利用する人がオプションとして選ぶのではなく、加算の条件を満たした事業所に支払われます。

1　サービスの料金

単位と金額のちがい

介護報酬は、認定を受けた人の利用限度額と同じで、「単位」で決められています。単位は全国共通ですが、一単位の金額は市区町村ごとに異なるので、全国同一料金ではありません。一般的には、一単位を一〇円で計算して紹介していますが、一単位がいくらになるのかは、選んだサービスの種類と、サービスを依頼した事業所がある市区町村の係数で変わります。

係数を使うのは「人件費の地域差を調整するため」で、地域区分とサービス別の人件費割合を組みあわせた複雑な数字です(表5-1)。第七期(二〇一八～二〇年度)は、

表 5-1　サービス料金(介護報酬)の単価　(円)

第 7 期(2018〜20 年度)					
地域区分	上乗せ割合	市区町村	サービス別の人件費割合		
			70%	55%	45%
1 級地	20%	東京都 23 区	11.40	11.10	10.90
2 級地	16	6 市	11.12	10.88	10.72
3 級地	15	24 市	11.05	10.83	10.68
4 級地	12	22 市	10.84	10.66	10.54
5 級地	10	52 市町	10.70	10.55	10.45
6 級地	6	137 市町	10.42	10.33	10.27
7 級地	3	169 市町村	10.21	10.17	10.14
その他	0	1308 市町村	10.00	10.00	10.00

厚生労働省「2018 年度介護報酬改定における各サービス毎の改定事項について」より作成.

介護報酬の一単位に係数をかけると、料金が一番低いのは「その他」の一〇円、一番高いのは「一級地」(東京都二三区)で一一・四円になります。このため、住んでいる市区町村によって、一単位の金額には「地域差」があります。

サービス別の料金設定

では、介護報酬と呼ばれるサービスの金額は、それぞれいくらになるのでしょうか。

介護報酬の計算は、専用ソフトが販売されているくらい複雑です。目安になるのは、厚生労働省(厚労省)が毎年、公表している『介護給付費等実態調査の概況』です。この調査では、サービス別の平均費用が報告されています(表4-6)。

平均費用は、介護報酬のひとり当たりの全国平均月額で、利用する人の自己負担もふくまれています。

サービスの提供時間が限られる在宅サービスの「訪問通所系」に比べると、二四時間サービスが提供される特定施設(介護付有料老人ホームなどの特定施設入居者生活介護)や認知症グループホームなどの「居住系」と「施設系」、そして、施設サービスのほうが介護報酬は高くなります。

「総合事業サービス」の料金

4章の5で紹介したように、要支援認定(要支援1、2)の人は、地域支援事業の総合事業サービス(訪問型サービスと通所型サービス)を利用することになりました。

地域支援事業は市区町村が直接、運営するので、総合事業サービスの料金や自己負担は、住んでいる市区町村ごとに変わります。

すでにサービスを利用している要支援認定の人には、地域包括支援センターのケアプラン担当者やケアマネジャーから説明があったと思います。これから介護認定を申し込む人は、市区町村が用意している介護保険のパンフレットやホームページで、総合事業サービスはいくらになるのかたしかめてください。

2　利用する人の負担

介護保険のサービスを利用する人は、在宅サービスと地域密着型サービスを選ぶ場合、認定ランクごとに、利用限度額(区分支給限度基準額)が月極めされています(表4-4)。

利用限度額があるのは、①生活に密接に関連したサービスなので、利用に歯止めが利きにくいこと、②同じ認定ランクであっても利用者のニーズが多様であるため、とされています。

ただし、在宅サービスでは、医師などが訪問する居宅療養管理指導、ほかのサービスを組みあわせることがない特定施設(介護付有料老人ホームなど)には、利用限度額は適用されません。地域密着型サービスでは、小規模有料老人ホームと小規模特別養護老人ホームも適用されません。

また、介護報酬には、サービスごとにさまざまな加算報酬がありますが、このなかにも「政策上の配慮」から、利用限度額が適用されないものがあります。介護職員処遇改善加算(表2-2、7章の1参照)のほか、中山間地域などへの加算、医療系の加算(緊急時訪問看護加算、ターミナルケア加算、緊急時施設療養費ほか)などです。

利用限度額の見直し

第三期(二〇〇六～〇八年度)の介護報酬の改定では、二〇〇六年四月以降、要支援から要支援1になった人は、利用限度額が二割、引き下げになりました(表4-4)。とはいえ、認定を受けた人の利用限度額に対する平均利用率は五割程度なので、あまり注目されませんでした。

また、二〇一四年度には、消費税が八%に引き上げになったことにともない、増税分の利用限度額の引き上げがおこなわれました。

一割が原則だったが二割も

介護保険がはじまるとき、自己負担は「所得にかかわらず、一割の利用者負担」と説明されていました。たしかに、サービスがはじまった二〇〇〇年四月から二〇一五年七月までの一五年四カ月間、自己負担は、サービス料金(介護報酬)の一割でした。

しかし、二〇一四年の介護保険法の改正で、「一定以上の所得」がある人は、認定ランクにかかわらず二割に変更されて、自己負担は二倍になりました。

「一定以上の所得」は、六五歳以上の人のうち、年収が上位二割にあてはまる「相対的に所得の高い方」と説明されました。ひとり暮らしで年収二八〇万円以上、夫婦世帯で年収三四六万円以上が基準です(表5-2)。

なお、自己負担の割合が上がると、利用する人が支払う金額は増えますが、介護報酬を引き上げるわけではないので、サービスの内容は同じです。自己負担の引き上げは、給付費(介護保険料と税金)をおさえることが目的です。

ただし、四〇~六四歳の第二号被保険者がサービスを利用する場合は、二〇一八年四月現在、「所得にかかわらず、一割の利用者負担」に据え置かれています。

「一定以上の所得」がある人の二割負担は、二〇一五年八月から実施されました。同時に、認定を受けたすべての人に、自己負担が一割なのか、二割なのかを確認できるように、市区町村から「介護保険負担割合証」が届くようになりました。二〇一八年二月段階で、二割負担は

表 5-2　認定者の自己負担の割合

負担割合	認定者	条件	
1割負担	580万人	年金収入等　280万円未満	
2割負担	60万人	「合計所得金額 160 万円以上」かつ「年金収入＋その他の合計所得金額 280 万円以上」	
		単身世帯 280 万円以上	夫婦世帯 346 万円以上
3割負担		「合計所得金額 220 万円以上」かつ「年金収入＋その他の合計所得金額 340 万円以上」	
		単身世帯 344 万円以上	夫婦世帯 463 万円以上

厚生労働省「地域包括ケアシステムの強化のための介護保険法等の一部を改正する法律のポイント」より作成.
注：認定者数は厚生労働省「介護保険事業状況報告(暫定)2018 年 2 月分」より作成.

六〇万人で、認定を受けた人（六四〇万人）の九％です。

三割負担も

二割負担が導入されて、わずか二年後の二〇一七年、介護保険法の改正で、今度は二割負担の人のうち、「医療保険の現役並み所得者」は、三割負担に引き上げることになりました。「医療保険の現役並み所得者」は、年収が、ひとり暮らしで三四四万円以上、夫婦世帯で四六三万円以上が基準です。三割負担は、二割負担の一・五倍、一割負担のときからみれば三倍という負担増です。

実施は二〇一八年八月で、三割負担になるのは一六万人、このうち、在宅サービスを利用する人が八割になると推計されています。

二割負担から三割負担になるかどうかは、市区町村から二〇一八年七月までに届く「介護保険負担割合証」でたしかめてください。

二割負担になった人への影響

二〇一七年の通常国会では、三割負担の導入の前に、二割負担になった人への調査が求められ、翌年三月、報告書が公表されました。

特徴的なのは、「主たる生計維持者」が本人なのは、一割負担では四八％でしたが、二割負担では七二％だったことです。また、一割負担の人にくらべて、配偶者や配偶者以外と暮らす人、あるいは配偶者も介護認定を受けているケースなども多くなりました。なお、サービスを「減少させた」、あるいは「中止」したと回答したのは、一割負担では一・三％、二割負担では三・五％でした。ちなみに、調査に回答したのは、利用する人を担当するケアマネジャーでした（三菱ＵＦＪリサーチ＆コンサルティング株式会社『介護保険における二割負担の導入による影響に関する調査研究事業報告書』）。

3　自己負担を軽減するしくみ

サービスを利用する人の自己負担が、部分的に引き上げられるなか、介護保険の負担軽減のしくみを理解して、払いもどし（還付）の手続きをする重要性が増しています。

ただし、介護保険料と自己負担は個人で支払いますが、負担軽減の条件は、世帯単位で計算されることが多いので、注意してください。

世帯単位の高額介護サービス費

自己負担を軽減するしくみとして、「高額介護サービス費」（要支援認定の人には高額介護予防サービス費）があります。

ひとつの世帯で、利用料の支払いが月額三万七二〇〇円（住民税非課税世帯は二万四六〇〇円、老齢福祉年金や生活保護を受ける世帯は一万五〇〇〇円）を超えたときに、市区町村に申請すると、差額が後から払いもどされます。

払いもどしの財源は介護保険で、給付費の二%が、高額介護サービス費に使われています（図3-2）。

上限額の引き上げ

「一定以上の所得」がある認定者の自己負担を二割にするとき、「高額介護サービス費があるので、単純に負担が二倍になるわけではない」と説明されました。

しかし、二〇一五年八月、二割負担の導入とともに、高額介護サービス費の見直しがおこなわれました。そして、「医療保険の現役並み所得者」がいる世帯は、上限額が月額四万四四〇〇円に引き上げとなりました（表5-3）。

「上限額の引き上げ」というのがわかりづらいのですが、高額介護サービス費として払いもどすボーダーラインが、月額三万七二〇〇円から七二〇〇円引き上げられて、四万四四〇〇円になり、利用する世帯の負担が七二〇〇円増えた、ということです。

二〇一七年八月、今度は「医療保険の一般区分の者」がいる世帯も、上限額が月額四万四四〇〇円に引き上げになりました。

表 5-3　高額介護サービス費の基準

	負担の限度額（月額） 2017 年 8 月以降	
市区町村民税課税世帯	現役並み所得相当	4 万 4400 円（世帯）
	一般	3 万 7200 円（世帯）
市区町村民税非課税世帯	2 万 4600 円（世帯）	
年金収入 80 万円以下等	2 万 4600 円（世帯） 1 万 5000 円（個人）	

厚生労働省「月々の負担の上限（高額介護サービス費の基準）が変わります」より作成.

ただし、自己負担が一割の世帯には、三年間の猶予期間が設けられ、二〇二〇年七月までは年間上限額を四四万六四〇〇円にして、月額三万七二〇〇円にとどめています。

はなはだしく面倒な見直しですが、上限額を超えてサービスを利用している世帯にとって、高額介護サービス費による払いもどしは、大切な負担軽減のしくみです。市区町村に申し込みをしないと、払いもどしにはなりません。対象になるのかどうかを相談することもふくめて、申請するのを忘れないようにしてください。

立て替え期間の負担

高額介護サービス費は、申請の手続きから払いもどしまで、市区町村によっては数カ月かかるケースがあります。

二〇一七年の電話相談で、自己負担が二割になった家族から、「払いもどしまで、立て替えているあいだの生活が苦しい」、「役所で相殺して、負担を軽減してもらえないのだろうか」という声がいくつかありました。

介護保険法では、負担軽減のために貸付制度を設けてもいいとされています。東京都では、「高額介護サービス費貸付制度」です。住んでいる市区町村の制度を調べてみてください。

医療保険にも高額療養費がありますが、七〇歳以上の人は、自己負担額と高額療養費が相殺されて、払いもどしの手続きが省略されています。七〇歳未満の人は、市区町村や健康保険組合などに「限度額適用認定証」の発行を申請すると、立て替えの負担を避けることができます。

介護保険でも、貸付制度という一時的な救済ではなく、医療保険と同じように、相殺する手続きの導入を急いでもらいたいと思います。ただし、保険者である市区町村にとっては、事務負担が増えるという指摘もあります。

高額医療合算介護サービス費

時間がもどりますが、二〇〇七年度に、高額介護サービス費のほかに、「高額医療合算介護サービス費」（要支援認定の人には高額医療合算介護予防サービス費）が新設されました。

介護保険と医療保険の年間の負担額を合計して、支払い総額を軽減するしくみです。対象になる期間は、毎年八月一日から翌年七月三一日までの一二カ月間です。医療保険で軽減する場合は、「高額介護合算療養費」と呼ばれます。

ただし、高額医療合算介護サービス費もまた、二〇一八年八月から、「現役並み所得者」(課税所得一四五万円以上)の人の所得が三分割されて、上限額の見直しがおこなわれる予定です。くわしいことは、住んでいる市区町村のパンフレットなどでたしかめてください。

なお、高額介護サービス費などの支給決定に疑問があるときは、行政不服審査法にもとづいて、都道府県に審査請求をおこない、調べてもらうことができます。

確定申告の控除対象

税務署に確定申告をするのは、所得税をおさめる「課税所得」がある人と、課税所得者と同居、あるいは「生計を一にする」扶養家族になります。

確定申告には、「医療費控除」という税制上の負担軽減があり、医療費のほか、寝たきりの人のおむつ代、介護保険のサービスの自己負担額が対象になります。

介護保険のサービスでは、ホームヘルプ・サービスの「身体介護」と「通院等乗降介助」、訪問入浴、デイサービス、そしてショートステイ（短期入所生活介護）は、訪問看護や訪問リハビリテーションなど「医療費控除の対象となるサービス」とあわせて利用している場合に、控除の対象になります。ホームヘルプ・サービスの「生活援助」は、対象になりません（国税庁『介護保険サービスの対価に係る医療費控除の概要』）。

わからないことは、税務署や税務相談室に相談をして、確定申告をしてください。

低所得の人への「社福軽減事業」

介護保険には、低所得でサービスを利用する人のために、「社会福祉法人等による生計困難者に対する介護保険サービスに係る利用者負担軽減制度事業」という長い名前の事業があります。「社福軽減事業」と略称されますが、社会福祉法人などが運営する事業所のサービスを利用した場合に、低所得の人の自己負担が軽減されるしくみです。

二〇一七年の段階で、全国で九五％の市区町村が実施しています。しかし、対象になっている「生計困難者」は五万人で、利用している人の一％に届きません。また、社会福祉法人が経営しているのは特別養護老人ホームとショートステイが中心なので、対象になるサービスは限られています。

いろいろな制限はありますが、社福軽減事業は、低所得の人を支える大切なしくみです。サービスが必要なのに、自己負担を払う余裕がない場合は、市区町村の担当課や地域包括支援センター、あるいはケアマネジャーに、対象になるのかどうか相談してみてください。

4　食費と居住費の自己負担

介護保険がはじまったとき、施設サービスとショートステイの食費と居住費、デイサービスとデイケア（通所リハビリテーション）の食費は、サービス料金（介護報酬）にふくまれていたので、利用する人の自己負担は一割でした。

なお、レクリエーション費や日常生活費などは給付費の対象ではないので、最初から全額、利用する人の自費です。

食費と居住費は自費に

しかし、二〇〇五年の介護保険法の改正で、同年一〇月から、食費と居住費は全額、利用する人の自費になりました。改正の理由は、在宅サービスを利用している人は食費と居住費を自分で払っているので、「在宅との公平化」をはかるためだと説明されました。

そして、食費と居住費をいくらにするのかは、事業所が決める自由価格になりました。

負担軽減策

食費と居住費は自費になりましたが、同時に、低所得の人(住民税非課税世帯)のために、介護保険の給付費で補助する「特定入所者介護サービス費」がつくられて、「補足給付」と呼ばれています。二〇一五年度は、給付費の四%が補足給付に使われています(図3-2)。

補足給付では、食費と居住費の標準的な料金を「基準費用額」に設定し、低所得の人の収入に応じて、「負担限度額」が決められています(表5-4)。

この「基準費用額」と「負担限度額」の差額が、補足給付として介護保険から支払われます。

なお、特定施設(介護付有料老人ホームなど)と認知症グループホームは施設サービスではないため、食費と居住費は最初から自費で、補足給付の対象ではありません。

「補足給付」の厳格化

ところが、二〇一四年の介護保険法の改正で、二〇一五年八月以降、補足給付の対象になる条件が厳しくなりました。

居住費の負担限度額　（円）

対象になる人の負担限度額

第２段階		第３段階	
日額	月額	日額	月額
390	1.2 万	650	2.0 万
370	1.1 万	370	1.1 万
370	1.1 万	370	1.1 万
420	1.3 万	820	2.5 万
490	1.5 万	1310	4.0 万
490	1.5 万	1310	4.0 万
820	2.5 万	1310	4.0 万
760	2.3 万	1020	3.1 万
760	2.3 万	1020	3.1 万
810	2.5 万	1470	4.5 万
880	2.7 万	1960	6.0 万
880	2.7 万	1960	6.0 万
1210	3.7 万	1960	6.0 万

「医療・介護を通じた居住費負担の公平

保護受給者.
金額が 80 万円以下.
以外.
療養病床です.
ど「個室」とはいえないという理由で.

表 5-4　施設サービスなどの食費と

			基準費用額		補足給付の 第 1 段階	
			日額	月額	日額	月額
食費			1380	4.2 万	300	0.9 万
居住費						
	多床室	特養	840	2.5 万	0	0
		老健・療養	370	1.1 万	0	0
	従来型個室	特養	1150	3.5 万	320	1.0 万
		老健・療養	1640	5.0 万	490	1.5 万
	ユニット型個室的多床室		1640	5.0 万	490	1.5 万
	ユニット型個室		1970	6.0 万	820	2.5 万
食費・居住費の合計						
	多床室	特養	2220	6.7 万	300	0.9 万
		老健・療養	1750	5.3 万	300	0.9 万
	従来型個室	特養	2530	7.7 万	620	1.9 万
		老健・療養	3020	9.2 万	790	2.4 万
	ユニット型個室的多床室		3020	9.2 万	790	2.4 万
	ユニット型個室		3350	10.2 万	1120	3.4 万

社会保障審議会医療保険部会第 91 回(2015 年 11 月 20 日)資料 2-1
化について」より作成.
注 1：第 1 段階：市町村民税世帯非課税の老齢福祉年金受給者，生活
第 2 段階：市町村民税世帯非課税で，課税年金収入額＋合計所得
第 3 段階：市町村民税世帯非課税で，利用者負担第 2 段階該当者
注 2：特養は特別養護老人ホーム，老健は老人保健施設，療養は介護
注 3：「ユニット型準個室」は，天井と壁のあいだに空間があるな
2018 年度から「ユニット型個室的多床室」に名称が変わりました.

まず、住民税非課税世帯かどうかだけでなく、「世帯分離」している配偶者の所得もチェックされることになりました。世帯分離は、同居している夫婦や家族が、同じ住所のままで、別世帯に住民登録を変更することです。利用する人だけのひとり世帯になれば、本人の収入のみがチェックされるため、補足給付の対象になるケースもありました。

介護保険は、介護保険料と自己負担は個人で支払いますが、負担軽減は世帯単位であることが、補足給付にまでひろがったことになります。

また、補足給付の対象になるかどうかを判断するために、利用する人の預貯金などの資産（ひとり暮らしで一〇〇〇万円程度、夫婦世帯で二〇〇〇万円程度）も審査されることになりました。

電話相談では、「一定以上の所得」があるため、施設サービスの自己負担が二割になり、補足給付からもはずれた人の家族から、「施設を退去せざるを得ない」、「やむなくカードローンを使っているが、いつまで払えるか」といった深刻な声が寄せられました。理論上は、預貯金がボーダーラインより一円でも少なくなれば、再び補足給付の対象になるはずですが、その実態はまだ、あきらかになっていません。

なお、二〇一五年八月は、自己負担の引き上げと、補足給付の制限が同時に実施されたため、自己負担の所得条件と、補足給付の資産条件を混同している人がいます。自己負担の引き上げは本人の所得が判断の基準で、預貯金などのチェックはありません。

遺族年金と障害年金も調査対象に

補足給付の見直しでは、二〇一六年八月以降、利用する人の所得の計算に、非課税所得である遺族年金と障害年金も加えることになりました。

遺族年金を受けているのは、二〇一五年の調査では五〇四万人で、六〇歳以上が九割を超えています。女性が九八％で、平均年齢は七八・七歳です。遺族年金は四種類にわかれていますが、年間の平均額は九三・四万円（月額七・八万円）です（『遺族年金受給者実態調査』）。

障害年金を受けているのは、二〇一四年の調査では一九四万人で、精神障害、知的障害、脳血管疾患の人が六割以上になります。男性が七割で、六五歳以上の人は三割です。また、障害年金の平均月額は七・八万円（厚生年金は一〇・〇万円、国民年金は七・二万円）と報告されています（『障害年金受給者実態調査』）。

ただし、遺族年金と障害年金を受けている人のなかで、補足給付の対象になっている人が何人いるのかは不明です。また、二〇一四年以降の補足給付の見直しが、施設サービスを利用する人にどのような影響を与えたのか、二〇一八年六月の段階では、調査の報告はありません。

（追記）

二〇二〇年の介護保険法改正案では、高額介護サービス費と補足給付の削減が出ています。

利用料（自己負担）を軽減する高額介護サービス費は、「医療保険の現役並み所得者」がいる世帯の月額上限額を三段階にわけ、①年収約三八三〜七七〇万円は現行の四万四四〇〇円に据え置き、②年収約七七〇〜一一六〇万円は九万三〇〇〇円で四万八六〇〇円の負担増、③年収約一一六〇万円以上は一四万一〇〇円で九万五七〇〇円の負担増を予定しています。

施設などの食費と居住費を補助する補足給付は、収入条件の第三段階（世帯全員が住民税非課税）を二分し、特別養護老人ホームの相部屋の例では、①本人の収入が八〇万円超一二〇万円以下は据え置き、②本人の収入が一二〇万円超の場合は食費を二万二〇〇〇円の負担増にします。預貯金は、ひとり暮らしで一〇〇〇万円程度から、収入区分が第二段階は六五〇万円、第三段階①は五五〇万円以下、第三段階②は五〇〇万円以下と、さらに厳しくする予定です。

6章　なぜ、サービスは使いづらいのか

介護保険は一九九七年に法律ができてから、二〇〇〇年四月にサービスがはじまるまで、準備期間が短いとされ、「保険あって、サービスなし」になるのではないかと批判もされました。これに対して、旧厚生省は「走りながら考える介護保険」なので、「五年後の大きな見直しで、もっとよい制度にします」と応じました。

しかし、介護保険は、介護保険法の改正と介護報酬の改定が積みかさなり、複雑になる一方です。ここでは、介護認定を受けた人のケアプランづくりを支援するケアマネジメント、在宅サービスでもっとも利用されていたホームヘルプ・サービス、待機者が五〇万人を超えた特別養護老人ホームの三つのサービスを中心に、使いづらくなってきた理由を説明します。

1　介護保険を見直すしくみ

最初に、少し堅苦しいのですが、介護保険の見直しのしくみを紹介します。見直しを検討するのは、厚生労働大臣の諮問機関である社会保障審議会(二〇一八年現在、西村周三会長)です。事務局は厚生労働省(厚労省)で、介護保険を担当する部局は老健局です。

社会保障審議会のふたつの組織

社会保障審議会は、二〇一八年六月現在、三一の部会などを設置しています。そのなかで、介護保険を検討するのは、介護保険部会と介護給付費分科会です。

介護保険法の改正は、介護保険部会が『意見』をまとめ、厚労省が法律案をつくり、政府の閣議決定を経て、内閣提出法案として国会で審議され、成立してきました。

介護報酬(サービス料金)の改定は三年ごとで、全体の増減(改定率)は、政府の予算編成で決められます。そして、サービスごとに設定される料金(「報酬単価」とも呼びます)や、介護保険の指定を受ける事業所の運営基準などは、介護給付費分科会がまとめた『審議報告』をもとに、厚労省が省令や通知を出します。つまり、介護報酬の全体の増減は政府が、サービスごとの細かい内容は厚労省が決めます。

また、介護保険部会と介護給付費分科会の審議には、閣議決定された『骨太の方針』や、政府が設置したさまざまな「国民会議」の報告書のほか、財務省が担当する財政制度等審議会をはじめ、国土交通省や経済産業省など各省庁の審議会や検討会などの意見も加わります（図6-1）。

改正と実施にはタイムラグがある

厚労省が約束した「五年後の大きな見直し」は、二〇〇三年から介護保険部会で検討がはじまり、二〇〇五年の通常国会で改正案が成立しました。つづいて、介護給付費分科会で検討がおこなわれ、二〇〇六年一月、第三期（二〇〇六～〇八年度）の介護報酬が決まりました。時間でみれば、三年がかりで全体像があきらかになるものでした（表6-1）。

また、全体像がわかっても、項目によっては「経過措置」という猶予期間がもうけられて、

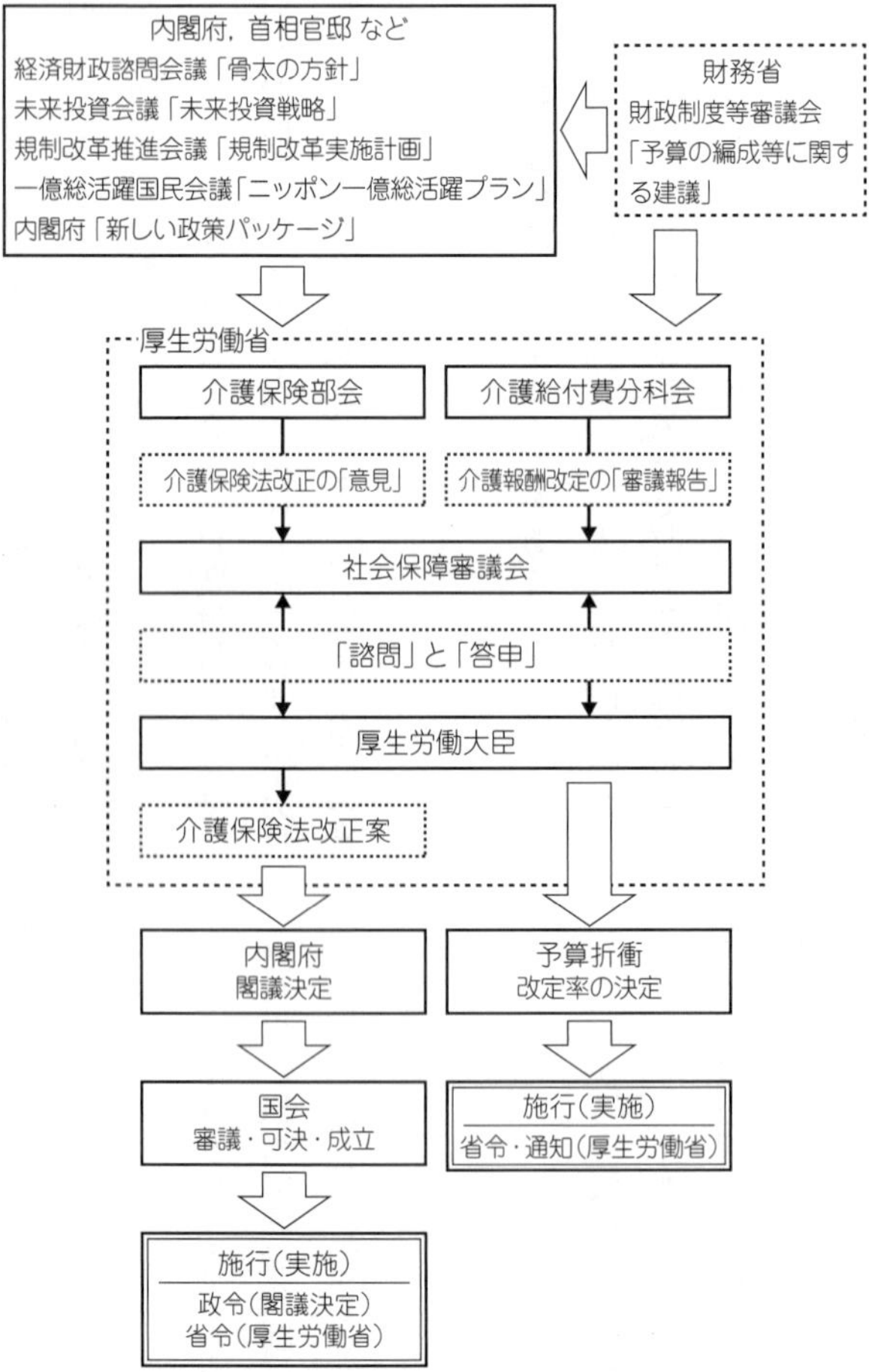

注：介護給付費分科会の下には，介護事業経営調査委員会と介護報酬改定検証・研究委員会が設置されています．また，厚生労働省老健局が設置する検討会，研究会があり，2017年から，科学的裏付けに基づく介護に係る検討会が開催されています．

図6-1　介護保険法と介護報酬の検討方法

表 6-1　2005 年の介護保険法改正

2005 年の介護保険法改正		実施時期
Ⅰ　予防重視型システムへの転換		
	介護予防サービス(予防給付)の新設 地域支援事業の新設	2006 年 4 月
Ⅱ　施設給付の見直し		
	食費・居住費の自己負担化 補足給付(特定入所者介護サービス費)の新設	2005 年 10 月
Ⅲ　新たなサービス体系の確立		
	地域密着型サービスの新設 地域包括支援センターの新設 居住系サービスの充実	2006 年 4 月
Ⅳ　サービスの質の確保・向上		
	介護サービス情報の公表制度 ケアマネジメントの見直し	2006 年 4 月
Ⅴ　負担の在り方・制度運営の見直し		
	第 1 号介護保険料の見直し 保険者機能の強化	2006 年 4 月

厚生労働省「2005 年度介護保険法改正」より作成.

実施する時期がそろわないこともあります。改正から実施まで、さまざまな時間差(タイムラグ)があることも、見直しがわかりづらい理由のひとつです。

なお、電話相談では、見直しのたびに、市区町村などから「国が決めたことだからと言われた」という人がかなりいます。しかし、社会保障審議会には、介護保険の保険者である全国市長会(二〇一八年六月現在、立谷秀清会長)と全国町村会(二〇一八年五月現在、荒木泰臣会長)、そして、保険者を支援する全国知事会（二〇一八年四月現在、上田清司会長）からも委員が参加しています。

2　ケアプランは、だれのものか

4章の6で紹介したように、介護認定を受けた人がケアプランをつくるのを支援するために、介護保険は、ケアマネジャー（介護支援専門員）というあたらしい専門職をつくりました。ケアマネジャーは、在宅サービスと地域密着型サービス（認知症グループホームと小規模特定施設、小規模特別養護老人ホームをのぞきます）を選ぶ人に、ケアマネジメントという介護保険のサービスを提供します。

介護・医療の専門職がケアマネジャー

ケアマネジャーは、すでに介護福祉士や看護師などの資格や経験があり、「介護支援専門員実務研修受講試験」（実務研修を受けるための試験で、資格試験ではありません）に合格し、実務研修を修了した人たちです。

一九九八年からはじまった試験には、二〇一七年までの二〇年間で、七〇万人が合格しています。累計の合格率は二六%で、介護福祉士の合格者が増えています(『第二〇回介護支援専門員実務研修受講試験の実施状況について』)。

ただし、ケアマネジャーとして働いているのは計画作成担当者をふくめて一六万人で、合格者の二割にすぎません。

なお、ケアマネジャーは男性が二三%、女性が七七%で、平均年齢は四八歳です(『二〇一七年賃金構造基本統計調査』)。

ケアマネジメントというサービス

ケアマネジメントには、①介護認定を受けた人や家族との面接相談、②どのようなサービスが必要なのか検討するアセスメント(課題分析)、③ケアプラン原案について「サービス担当者会議」の開催、④利用する人への説明と同意を得てケアプランを確定、⑤サービスが適切かどうかを確認するモニタリングなど、一連の作業があります。なお、サービス担当者会議には、介護認定を受けた人と家族、事業所の担当者などが集まります。

よく「ケアマネジャーがケアプランをつくります」という表現が使われますが、ケアプランは認定を受けた人がつくるもので、ケアマネジャーは支援者です。このため、わずかですが、認定を受けた人が家族など介護する人とともに、ケアプランを「自己作成」しているケースもあり、「マイケアプラン」や「セルフケアプラン」と呼ばれています。

要支援認定(要支援1、2)の人には地域包括支援センターのケアプラン担当者が三カ月ごとに、要介護認定(要介護1〜5)の人には居宅介護支援事業所のケアマネジャーが毎月、定期的に訪問します。そのほか、必要に応じて、随時の訪問をします。

二〇一六年度は、要支援認定の一四三万人、要介護認定の三四五万人、あわせて四八八万人が、ケアマネジメントを利用しています。

要支援の人はケアマネジャーを選べない

介護保険がはじまったとき、認定を受けたすべての人のケアマネジメントを担当するのは、ケアマネジャーが所属する居宅介護支援事業所でした。その後、二〇〇五年、介護保険法の改正で、要支援認定の人は介護予防サービスを利用することになりました。

そして、要支援認定の人への介護予防ケアマネジメント（介護予防支援）は、地域包括支援センターが担当することになりました。地域包括支援センターが居宅介護支援事業所に委託して、ケアマネジャーが担当するケースもあります。

地域包括支援センターは、市区町村が運営する地域支援事業の「包括的支援事業」で、すべての市区町村が設置しています（表6-2）。しかし、ケアマネジメントを担当する居宅介護支援事業所は四万カ所ありますが、介護予防ケアマネジメントを担当する地域包括支援センター（介護予防支援事業所）は五〇〇〇カ所です。事業所も担当者も限られているので、要支援認定の人は、ケアプランをつくるために事業所を選ぶことや、ケアプラン担当者の交替を求めることは、ほとんどできなくなりました。

ふたつの「介護予防ケアマネジメント」

九年後の二〇一四年、介護保険法の改正で、要支援認定の人への介護予防ホームヘルプ・サービスと介護予防デイサービスはすべて、地域支援事業の総合事業サービス（訪問型サービスと通所型サービス）に移りました。これにともない、二〇一五年四月から、介護予防ケアマネジメ

表 6-2　地域支援事業

地域支援事業

2006～11 年度	2012～14 年度	2015 年度以降
介護予防事業	介護予防事業	介護予防・日常生活支援総合事業(総合事業)
一般高齢者施策	一次予防施策	一般介護予防事業
特定高齢者施策	二次予防施策	介護予防・生活支援サービス事業(総合事業サービス)
	介護予防・日常生活支援総合事業	

- 包括的支援事業
  - 地域包括支援センターの運営
  - 総合相談業務
  - 権利擁護業務(虐待の防止，虐待の早期発見など)
  - 包括的・継続的ケアマネジメント業務
  - 介護予防ケアマネジメント業務
  - (2015 年度以降)包括的支援事業(社会保障充実分)
    - 地域ケア会議推進事業
    - 在宅医療・介護連携推進事業
    - 認知症総合支援事業
    - 生活支援体制整備事業
- 任意事業
  - 介護給付費等費用適正化事業
  - 家族介護支援事業
    介護教室，認知症高齢者見守り事業，家族介護継続支援事業など
  - その他の事業
    成年後見制度利用支援事業，福祉用具・住宅改修支援事業，認知症グループホーム家賃等助成事業，認知症サポーター等養成事業，重度 ALS(筋萎縮性側索硬化症)患者の入院におけるコミュニケーション支援事業，地域自立生活支援事業など

社会保障審議会介護保険部会第 58 回(2016 年 5 月 25 日)参考資料 1「地域支援事業の推進」より作成.

注 1：地域支援事業は保険者である市区町村が介護保険事業計画にもとづいて運営し，多くの事業メニューを地域包括支援センターに委託している場合があります．任意事業は，市区町村によって採用しているメニューが異なり，独自メニューもあります.

注 2：総合事業サービスには訪問型サービスと通所型サービス，その他生活支援サービス，介護予防ケアマネジメント(第 1 号介護予防支援事業)があります.

ント(介護予防支援)は、総合事業サービスの第一号介護予防支援事業に部分的に移りました(図4-2)。部分的にというのは、要支援認定の人が、総合事業サービスだけを選んだ場合には、第一号介護予防支援事業で「簡易なケアプラン」をつくることになったからです。

そして、総合事業サービスのほかに、在宅サービス(予防給付)もあわせて選ぶときには、介護予防ケアマネジメントと第一号介護予防支援事業がセットで提供されることになりました。わかりづらい見直しですが、介護予防ケアマネジメントと第一号介護予防支援事業は、両方とも地域包括支援センターのケアプラン担当者が支援します。ただし、地域包括支援センターには、介護予防ケアマネジメントには介護報酬(給付費)、第一号介護予防支援事業には市区町村の委託費(事業費)が支払われます。

なお、まちがえやすいのですが、「第一号介護予防支援事業」にも、「介護予防ケアマネジメント」という通称が使われています。厚労省は、市区町村に混同しないようにと注意をうながしていますが、なぜ、わざわざ同じ通称にしたのでしょうか。

また、総合事業サービスへの移行は二〇一五年度から二年間の猶予期間があったうえに、市区町村によっては、二〇一七年度にかけこみで実施したところもありました。このため、第一号介護予防支援事業を利用しているのは、二〇一五年五月には八〇〇人でしたが、経過措置期間が終盤をむかえた二〇一八年四月には、三一万人になりました（『介護給付費等実態調査月報』）。

消費税で追加された包括的支援事業

二〇一四年の介護保険法の改正では、地域支援事業の「包括的支援事業」に、「地域ケア会議推進事業」が追加されました（表6-3）。「地域ケア会議推進事業」は、「包括的支援事業」に「社会保障充実分」として追加された四事業のひとつです。「社会保障充実分」には、消費税を五％から八％に引き上げた増収分が投入されています。

もう少しくわしく説明すると、野田佳彦内閣は「社会保障・税一体改革大綱」（二〇一二年）にもとづいて、消費税を増やした分は、すべて社会保障に投入すると約束しました。そして、二〇一四年度から、都道府県ごとに「地域医療介護総合確保基金」がつくられました。二〇一八年度の予算では、介護分が四八三億円、医療分が六二二億円です。

なお、二〇一八年度予算における消費税の増収額は、八・四兆円です。このうち、「社会保障の充実」に一・三五兆円、「社会保障四経費の増」に〇・三九兆円の合計一・七四兆円と、増収額

表 6-3　2014 年の介護保険法改正

2014 年の介護保険法改正	実施時期
Ⅰ　地域包括ケアシステムの構築	
地域支援事業（包括的支援事業）の充実（消費税増税分）	
①在宅医療・介護連携の推進 ②認知症施策の推進 ③地域ケア会議の推進 ④生活支援サービスの充実・強化	2015～16 年度
重点化・効率化	
介護予防訪問介護と介護予防通所介護は地域支援事業に移行	2015～16 年度
特別養護老人ホームは原則，要介護 3 以上	2015 年 4 月
小規模デイサービスは地域密着型サービスに移行	2016 年 4 月
Ⅱ　費用負担の公平化	
低所得者の保険料軽減を拡大（消費税増税分）	2015 年 4 月
重点化・効率化	
①「一定以上の所得」のある認定者の自己負担は 2 割	2015 年 8 月
②施設サービスの「補足給付」要件に資産などを追加	2015 年 8 月

社会保障審議会介護給付費分科会第 100 回（2014 年 4 月 28 日）資料 2「介護保険制度を取り巻く状況」より作成.

の二割が使われます。「社会保障四経費」は、「年金、医療、介護、子育て」です。残りの八割は「基礎年金国庫負担割合二分の一」と「後代への負担のつけ回しの軽減」に配分されます（財務省『二〇一八年度の社会保障の充実・安定化について』）。

地域ケア会議の開催

「地域ケア会議推進事業」には消費税の増収分が使わ

れますが、市区町村は「地域ケア推進会議」を設置して、地域包括支援センターが中心になり、「地域ケア個別会議」(通称 地域ケア会議、表6-2)を定期的に開催することになりました。

地域ケア会議は、「多職種の第三者による専門的視点」で、「自立支援に資するケアマネジメントの実践力を高める」とされています。簡単にいえば、認定を受けた人がつくったケアプランをチェックします。「多職種の第三者」には、「医療・介護等の専門職、NPO、社会福祉法人、ボランティア、民生委員、自治会会長など多様な関係者」が並んでいます。

地域ケア会議のモデルは、埼玉県和光市の「和光市コミュニティケア会議」です。和光市では、一年後の「自立」を目標に、「多職種」の意見をもとに、ケアマネジャーが要支援認定の人のケアプランを修正して、再びチェックする、という作業をくりかえしているそうです。

この結果、「自立」する人が増えて、介護保険の費用を減らすことができ、和光市の第五期の第一号介護保険料は、全国平均月額(四九七二円)より八〇〇円も低く、第六期には、さらに一三〇〇円も下げたと報告されています。NHKの「クローズアップ現代+」の『介護からの〝卒業式〟』(二〇一四年五月一二日放送)は、和光市の保健福祉部長(当時)が、「自立」した人に卒業証書を渡す風景を紹介していました。

利用者がいない

厚労省は和光市の取りくみを「好事例」と高く評価して、二〇一四年の介護保険法の改正で、「地域ケア会議推進事業」が新設されて、全国展開することになりました。

注目したいのは、ケアプランをつくる主役であるはずの認定を受けた本人や、家族など介護をする人が、地域ケア会議のメンバーにラインナップされていないことです。希望すれば参加や傍聴ができるのか、記録などの情報公開のしくみがあるのかもはっきりしません。また、地域ケア会議に「司会者」はいますが、責任者がだれなのかも、あいまいです。認定を受けた人が地域ケア会議のアドバイスに納得できず、ケアプランの変更に同意しない場合について、国会議員のヒアリングでは、厚労省は「ご理解いただく」としか答えませんでした。

これらのことから考えると、地域ケア会議の導入に、「利用者の自己決定、自己選択」は考慮されていないと思われます。

また、「好事例」により、第一号介護保険料が下がるのは、サービス（給付費）が減るということです。認定ランクが自立（非該当）になり、介護保険を利用しなくても暮らしに支障がないのなら、文句はありません。しかし、地域ケア会議が求める「自立」が、サービスを利用させないことや、「多職種」が好むサービスへの誘導に使われることは心配です。

「財政的インセンティブ」

さらに、二〇一七年の介護保険法の改正では、「自立支援・重度化防止」のために、地域ケア会議がどのくらい個別ケアプランを検討したかなどを「評価指標」にして、市区町村に交付金(保険者機能強化推進交付金)を出すことになりました。この交付金は、「財政的インセンティブ」とも呼ばれます(表6-4)。

くわしくみると、厚労省が六一項目の「評価指標」をつくり、各項目に一〇点満点の評価点がつきます。そして、市区町村がそれぞれ獲得した合計点と第一号被保険者の人数に応じて、お金が配分されます。二〇一八年度予算では、交付金のために二〇〇億円が計上されましたが、市区町村の得点によって配られる金額が変わるのです。

市区町村は、今後も増える認定を受けた人のために、少しでも財源を増やしたいでしょうから、交付金を多くもらうために、地域ケア会議でケアプランの修正に励み、「自立」する人を

表 6-4　2017 年の介護保険法改正

2017 年の介護保険法改正	実施時期
Ⅰ　地域包括ケアシステムの深化・推進	
1　自立支援・重度化防止に向けた保険者機能の強化	
国から提供されたデータで，介護保険事業計画を策定 介護予防・重度化防止等の取組内容と目標を記載 都道府県による市町村に対する支援事業 財政的インセンティブの付与	2018 年 4 月
2　医療・介護の連携の推進	
介護医療院の新設	2018〜23 年度
3　地域共生社会の実現に向けた取組	
共生型サービスの新設	2018 年 4 月
Ⅱ　介護保険制度の持続可能性の確保	
4　2 割負担の認定者のうち「特に所得の高い層」の負担割合は 3 割	2018 年 8 月
5　第 2 号介護保険料(介護納付金)への総報酬割の導入	2017〜19 年度

厚生労働省「地域包括ケアシステムの強化のための介護保険法等の一部を改正する法律案のポイント」より作成.

増やすかもしれません。

なお、地域ケア会議のチェックにより「自立」した人には今後、追跡調査をおこない、地域ケア会議推進事業の効果と課題をたしかめることが必要ではないでしょうか。

ケアマネジャーの「資質向上」とは

二〇一二年、厚労省は介護支援専門員（ケアマネジャー）の資質向上と今後のあり方に関する検討会（田中滋座長）を設置して、翌年、『中間的な整理』を公表しました。

このなかで、「『自立支援』の考え方」と「適切なアセスメント（課題把握）」がしめされ、「医療との連携」などが不十分で、ケアマネジャーの「資質に差がある」ことが指摘されました。

電話相談では、利用する人からは「ケアマネジャーからすすめられたサービスは、料金が高いので、使えない」、介護する家族からは「ケアマネジャーにすすめられても、本人がサービスをいやがる」という悩みがよく寄せられています。

ケアマネジャーや地域包括支援センターのケアプラン担当者が、「適切なアセスメント」にもとづいて、ケアプランの提案をしても、認定を受けた人がこばむ、あるいは、家計支出とのかねあいで同意しないことは当然あるでしょう。

しかし、検討会では、ひとつのサービスしか利用しないと「単品サービス」、認定を受けた人の選択にしたがうのは「御用聞きケアマネジャー」ではないかという批判も出ました。また、介護保険部会では、「不適切なケアプランを作成し続けるようなケアマネジャー」（日本医師会常任理事）、「至らないケアマネジャー」（上智大学教授）という発言もありました。

ケアマネジャーは、「利用者の立場にたつ」ことが求められています。それにもかかわらず、社会保障審議会では、「適切なアセスメント」、「適切なケアマネジメント」という言葉が、ひんぱんに登場しますが、明確な定義はありません。「利用者の自己決定、自己選択」が基本なら、認定を受けた人が納得して、満足できるサービスの提供が「適切」なのではないでしょうか。

ケアプランの事前チェック

第七期(二〇一八〜二〇年度)の介護報酬の改定でもまた、「適切なケアマネジメントの推進等」がテーマになりました。

ケアマネジメントの改定では、末期がんの人の状況を主治医などに情報提供した場合の「ターミナルケアマネジメント加算」、医療機関と積極的な連携をとった場合の「入院時情報連携加算」などの加算報酬が新設され、在宅での看取りを増やすための「医療・介護の連携の推進」に重点が置かれています。

一方、ケアマネジャーが所属する居宅介護支援事業所の運営基準が見直されて、要介護認定(要介護1〜5)の人がホームヘルプ・サービスの「生活援助」を月に一定回数以上、利用するときは、事前に市区町村にケアプランを提出することが義務づけられ、地域ケア会議でチェックをすることになりました。

しかし、認定を受けた人を在宅で、看取りの時期まで支えるのであれば、「生活援助」などホームヘルプ・サービスの充実は、さらに必要ではないでしょうか。

なによりも大切なのは、ケアマネジャーは、だれのためにケアマネジメントをするのか、ケアプランはだれのものなのか、という介護保険の基本にもどることだと思います。

ケアマネジメントの有料化

ケアマネジメントの介護報酬は一〇割が給付費から支払われているので、利用する人の自己負担はありません。無料にしているのは、ケアマネジメントに自己負担があるために、サービスの入り口で利用をやめてしまう人が出るのを防ぐためと説明されています。

しかし、二〇一八年四月一一日、財政制度等審議会の財政制度分科会(榊原定征分科会長)は、「保険者におけるケアプランチェックと相まってケアマネジメントの質の向上を図る観点から、居宅介護支援に利用者負担を設ける必要」があるという「改革の方向性(案)」を公表し、ケアマネジメントに自己負担を求めています。

「AIケアプラン」

翌日の四月一二日、経済財政諮問会議（安倍晋三議長）では、有識者委員から「科学的介護を推進し、自立支援型介護の普及等を推進すべき」として、「AIケアプランを認定する仕組みを導入し、ケアマネジャーの業務の在り方の検討と合わせ、AIケアプランの実用化・普及を推進するべき」という提案がありました。

厚労省は二〇一七年から、科学的裏付けに基づく介護に係る検討会（鳥羽研二座長）を設置し、データベースに入れる介護分野の情報収集を検討しています。二〇一八年三月には、中間報告『介護分野における今後のエビデンスの蓄積に向けて収集すべき情報について』を公表し、二〇一八年四月以降も開催を予定しています。

このふたつの動きは、認定を受けた人の情報をデータベース化し、AI（人工知能）にケアプランを自動作成させようという構想です。しかし、ケアマネジャーの位置づけや、認定を受けた人の「自己決定、自己選択」との関係はあきらかではありません。

3　ホームヘルプ・サービスの受難

認定を受けた人の八割は、自宅、あるいは「自宅ではない在宅」(サービス付き高齢者向け住宅など)で、在宅サービスと地域密着型サービス(認知症グループホームと小規模特定施設、小規模特別養護老人ホームをのぞきます)を選んで、利用しています。

介護保険がスタートしたとき、ホームヘルプ・サービス(訪問介護)は、在宅サービスのなかで、一番選ばれるサービスでした。しかし、いまは、福祉用具レンタルとデイサービスについで、三番に後退しています(図6-2)。

六〇年以上の歴史

ホームヘルプ・サービスのルーツは、一九五六(昭和三一)年に長野県ではじまった「家庭養護婦派遣事業」といわれています。一九六三年には老人福祉法が成立して、「老人家庭奉仕員派遣事業」がはじまりました。そして、一九八二年には、ホームヘルパーの養成研修もスター

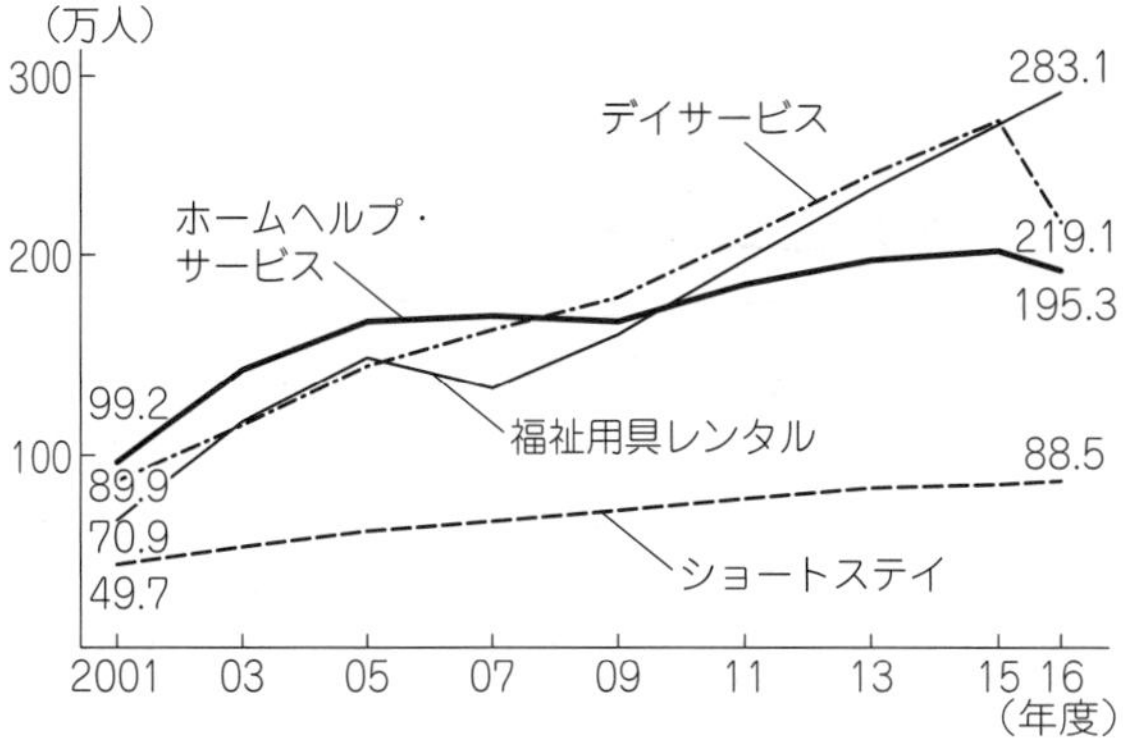

厚生労働省「介護給付費等実態調査の概況」より作成.
注：利用者数は実受給者数(1年に一度でもサービスを利用した人)です.

図 6-2 在宅サービスの利用者

トしました。

一九八九年、はじめて消費税(税率三%)が導入されたとき、増収分を財源に『ゴールドプラン』(高齢者保健福祉推進一〇カ年戦略)が策定されました。そして、ホームヘルプ・サービスのほか、デイサービス、ショートステイの「在宅福祉事業」が積極的にすすめられました。

一九九九年、小渕恵三内閣は「特別対策」を公表しました。当時、措置制度でホームヘルプ・サービスを利用していた低所得の人には、介護保険になってからも「無理のない範囲で利用者負担」をしてもらうため、三年間は税金を投入して、自己負担を三%におさえ、二〇〇三年度から一割に引き上げることになりました。

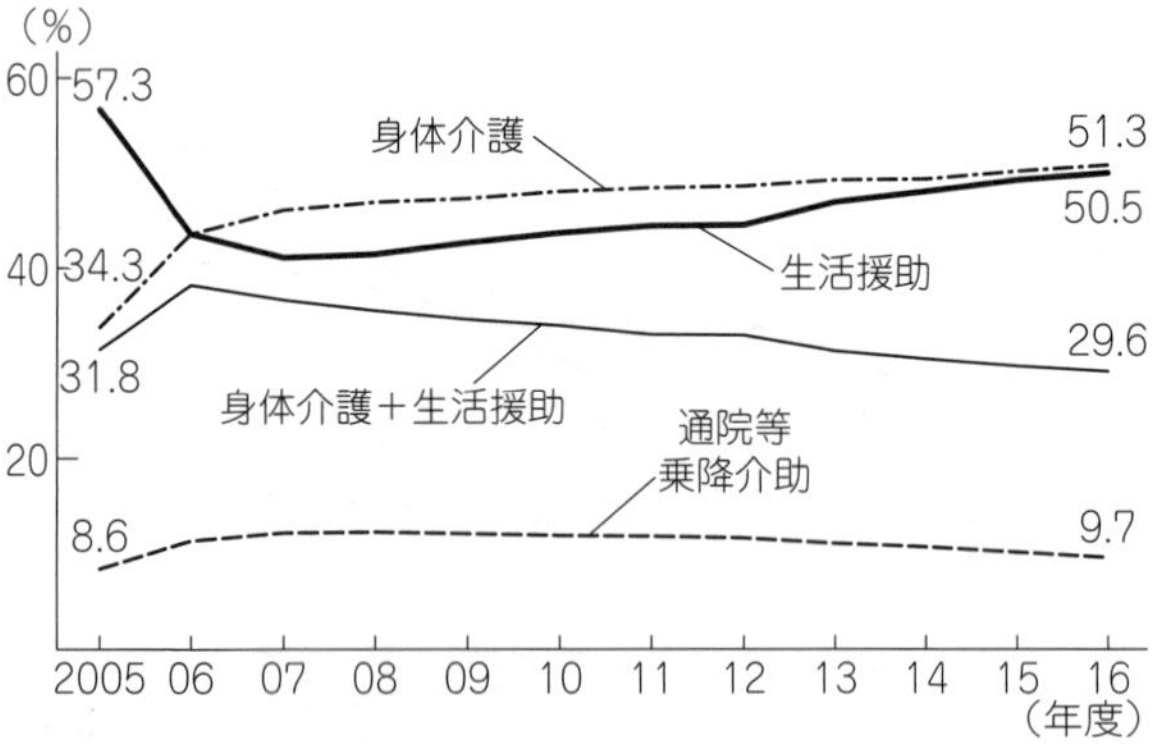

厚生労働省「介護給付費等実態調査の概況」より作成.
注1：ホームヘルプ・サービスを利用している人のメニュー別の利用割合です.
注2：「身体介護＋生活援助」は,「身体介護」に引き続き「生活援助」を提供するケースです.

図 6-3 ホームヘルプ・サービスのメニュー

ホームヘルプ・サービスのメニュー

ホームヘルプ・サービスは、「身体介護」と「生活援助」(旧家事援助)、あるいは「身体介護」と「生活援助」のセット、そして、「通院等乗降介助」とメニューがあります(図6-3)。

介護保険がはじまる直前の二〇〇〇年三月、厚生省(現厚生労働省)は、ホームヘルプ・サービスの内容を例示した『訪問介護におけるサービス行為ごとの区分等について』という通知を出しました。

介護関係者には、この通知は「老計一〇号」と呼ばれています。そして第七期(二〇

表6-5　ホームヘルプ・サービスの内容

身体介護

1-0　サービス準備・記録等
1-1　排泄・食事介助
1-2　清拭・入浴，身体整容
1-3　体位変換，移動・移乗介助，外出介助
1-4　起床及び就寝介助
1-5　服薬介助
1-6　自立生活支援・重度化防止のための見守り的援助(自立支援，ADL・IADL・QOL 向上の観点から安全を確保しつつ常時介助できる状態で行う見守り等)

生活援助

2-0　サービス準備等
2-1　掃除(居室内やトイレ，卓上等の清掃，ゴミ出し，準備・後片づけ)
2-2　洗濯(洗濯機または手洗いによる洗濯，乾燥，取り入れと収納，アイロンがけ)
2-3　ベッドメイク(利用者不在のベッドでのシーツ交換，布団カバーの交換等)
2-4　衣類の整理・被服の補修(夏・冬物等の入れ替え等)
2-5　一般的な調理，配下膳(配膳，後片づけのみ，一般的な調理)
2-6　買い物・薬の受け取り(日常品等の買い物，薬の受け取り)

厚生労働省「『訪問介護におけるサービス行為ごとの区分等について』の一部改正について」(2018 年 3 月 30 日)より作成.
注：各項目には，「サービス準備・記録等」であれば，「1-0-1　健康チェック」，「1-0-2　環境整備」，「1-0-3　相談援助，情報収集・提供」，「1-0-4　サービス提供後の記録等」など，細目があります.

一八～二〇年度)の介護報酬の改定とともに、「老計一〇号」に部分的な変更があり、「身体介護」に「自立生活支援・重度化防止のための見守り的援助」が追加されました(表6-5)。

なお、「老計一〇号」では、サービス行為について「あくまで例示」であるとして、実際の提供には「利用者個々人の身体状況や生活実態等に即

した取扱い」を求めています。

「家事援助」をめぐる議論

時間をもう一度、二〇〇〇年にもどします。与党三党(自民党、公明党、保守党)の介護保険に関するプロジェクトチーム(熊代昭彦座長)は、「家事援助を保険から支給するのは、介護保険の概念にそぐわない」としました。しかし、厚生省が実施したヒアリングでは、市区町村から「独り暮らしの高齢者に欠くことのできないサービス」、「家事援助がないと、高齢者は施設介護に回らざるをえない」という慎重論が出ました。

二〇〇〇年一一月、厚生省は『指定訪問介護事業所の事業運営の取扱等について』という通知を出し、「生活援助の範囲に含まれないと考えられる事例」をラインナップしました。関係者には「生活援助の不適切事例」と呼ばれています(表6-6)。

「廃用症候群モデル」

二〇〇三年、「五年後の大きな見直し」に向けて、介護保険部会(貝塚啓明部会長)で検討がは

表 6-6　不適切とされている「生活援助」の行為

1	「直接本人の援助」に該当しない行為
	主として家族の利便に供する行為又は家族が行うことが適当であると判断される行為 ・利用者以外のものに係る洗濯，調理，買い物，布団干し ・主として利用者が使用する居室等以外の掃除 ・来客の応接(お茶，食事の手配等) ・自家用車の洗車・清掃等
2	「日常生活の援助」に該当しない行為
	①　訪問介護員が行わなくても日常生活を営むのに支障が生じないと判断される行為 ・草むしり ・花木の水やり ・犬の散歩等ペットの世話等
	②　日常的に行われる家事の範囲を超える行為 ・家具・電気器具等の移動，修繕，模様替え ・大掃除，窓のガラス磨き，床のワックスがけ ・室内外家屋の修理，ペンキ塗り ・植木の剪定等の園芸 ・正月，節句等のために特別な手間をかけて行う調理等

厚生労働省「指定訪問介護事業所の事業運営の取扱等について」(2000年11月16日)老振第76号より作成.

じまりました。

ホームヘルプ・サービスについては、「家事援助はかなり比重が高い」(部会長)、「要支援の維持・改善がない」、「ケアプランにおいて訪問介護、家事援助、通所介護しか使っていない」、「要因を検証するべき」(日本看護協会常任理事)など、批判的な意見があいつぎました。

また、要支援と要介護1(いずれも当時)の「軽度者」が増え、「家事を行う能力があるにもかかわらず、家事代行型の訪問介護サービスを利用し続けることにより、能力が次第に低下し、家事不能に陥る場合もある」として、要支援と要介護1の認定を受けた人を「廃用症候群モデル」と呼びました。廃用症候群は医学用語で、「過度に安静にすることや、活動性が低下したことによる身体に生じた様々な状態」と説明されています（公益財団法人長寿科学振興財団『健康長寿ネット』）。

そして、二〇〇四年、介護保険部会の『意見』で、「廃用症候群モデル」の人は、「予防重視型」のサービスに移すことが提案されました。

なお、二〇〇五年度のデータでは、一年間、同じ認定ランクを「維持」しているのは、要支援が六八％、要介護1が七五％、要介護2が五六％、要介護3が五七％です。要支援と要介護1の人は、現状維持の割合が高かったのです。

介護予防ホームヘルプ・サービスの新設

二〇〇五年の介護保険法の改正で、要支援認定（要支援1、2）の人は、介護予防ホームヘルプ・サービス（介護予防訪問介護）の対象になり、ホームヘルパーには、「早い段階から、生活機能の低下を防止すること」が求められました。

法律が改正された段階では、これまでのサービスの名前のうえに、「介護予防」という四文字がついただけのようにみえました。しかし、改正につづく第三期(二〇〇六〜〇八年度)の介護報酬の改定で、介護予防ホームヘルプ・サービスの料金は、介護予防デイサービスとともに、時間単位の従量制から、月単位の定額制に変わりました。当時、厚労省は「定額で必要なだけ、何回でも利用することができます」と説明しました。しかし、事業所からみれば、週一回程度の提供でなければ採算があわない定額料金になったので、実質的に週一回程度の利用に制限されました。

なお、福祉用具レンタルでは、二〇〇六年一〇月から、要支援認定と要介護1の人を対象に、レンタル品目から電動ベッドや電動車いすなどが削除されて、選ぶことができなくなりました。

「通院等乗降介助」の制限

介護予防ホームヘルプ・サービスでは、「生活援助」と「身体介護」が一本化されました。

その一方で、「歩ける」という理由で、「通院等乗降介助」がはずされました。ちなみに、介護認定の訪問調査で「歩ける」というのは、室内で五メートル程度、歩行できることです。

「通院等乗降介助」は、二〇〇三年度からホームヘルプ・サービスのメニューに追加されました。要介護認定(要介護1～5)の人は、「通院等乗降介助」を選ぶことができます。しかし、電話相談では、人工透析などで通院する人から「利用しにくい」という声がありました。

「通院等乗降介助」は、文字どおり、事業所の車やタクシーに乗るとき、そして、車から降りて、目的地(病院の受付など)まで移動するのを介助します。しかし、病院の受付から先は、医療機関が「連携支援」するという理由で、ホームヘルパーには病院内での介助や、診察中の待機は認められていません。とはいえ実際には、病院からの「連携支援」はほとんどありません。このため、診察を受けるために、ホームヘルパーに自費での付き添い(院内介助)を依頼している人もいます。自費の負担ができない人は、通院もままならないのです。

なお、障害福祉サービスと異なり、介護保険には外出などの移動サービスはありません。認定を受けた人が外出するには、市区町村が用意している福祉タクシーなどを利用するほか、家族や知人などの私的な支援、ボランティア団体や民間サービスに頼ることになります。

「同居家族」という制約

介護保険の大きな見直しがあった二〇〇六年の電話相談では、要支援認定ではなく、要介護認定の人への「生活援助」が、同居している家族がいるという理由で利用できない、という訴えがいくつもありました。同居家族とみなされた相談者には、配偶者を介護している九〇代の男性や、働いている子世代のほか、同一敷地内の別棟に住んでいる、あるいは、週末や月末に定期的に訪問しているというケースまでありました。

介護保険法の改正と介護報酬の改定には、同居家族という制約条件はありません。「生活援助」は、①ひとり暮らし、②同居する家族に病気や障害があるとき、③その他、サービスが必要と認められた場合に利用できるとされています。しかし、調べてみると、③の基準を厳しくして、同居家族がいる場合、「生活援助」は利用できないと決めている市区町村があったのです。この状況は、市区町村によって方針が異なるため、「ローカル・ルール」とも呼ばれています。

同居家族を理由とする「生活援助」のカットについて、厚労省は数回、「一律、機械的な制限」をしないようにという通知を出しました。しかし、ほとんど効果はなかったようで、「同居家族がいる場合、生活援助は利用できません」と説明する書籍などもあります。

電話相談の相談スタッフに参加したケアマネジャーのひとりは、働いている子どもとのふたり暮らしのケースに「生活援助」の利用を認めてもらいたいと市区町村の担当者と交渉したところ、「働いているなら、出勤前に、昼食用のお弁当を用意したらいいでしょう」、「掃除や洗濯が必要なら、帰宅後か、週末にやればいいでしょう」と拒否されたそうです。

『突然、妻が倒れたら』（新潮文庫）を書いた松本方哉さんは、「人間は一日に三度の飯を食う。この三食を、週七日、働いている夫が作れるのは、極めて異例の環境ではないだろうか」と訴えました。当時、中学生の息子も抱えた松本さんは、住んでいる市区町村に何度か相談しましたが、「ルールはルールだ」と言われたそうです。

介護保険は、運営に責任をもつ保険者が市区町村になり、「地方分権の『試金石』」といわれましたが、「生活援助」の制限に地方分権が発動されたともいえます。また、どのくらいの市区町村が、同居家族に制限を加えているのか調査はありません。

「生活援助」の時間短縮

「生活援助」の受難は、さらにつづきます。二〇一一年、厚労省は、介護給付費分科会（大森彌分科会長)に、要介護認定の人が選ぶ「生活援助」の一回あたりの提供時間を一五分短縮して、四五分を基本にするという提案をしました。「生活援助」でよく利用されるのは、掃除、調理・配下膳という「行為」で、ひとつの行為は平均一五分未満ですむこともあり、二〜三の行為を組みあわせても、準備時間を含めて三〇〜四〇分で十分というのが理由です。

根拠になったのは、『訪問サービスにおける提供体制に関する調査研究事業報告書』(株式会社EBP)です。しかし、厚労省が引用したデータには、掃除は二七分、調理・配下膳は三二分とあり、どこにも「一五分未満」の行為はありませんでした。

また、「老計一〇号」では、ホームヘルパーに対して、「サービス準備・記録等」(表6-5)として、利用する人の安否確認、換気や室温の調整、相談援助、サービスの提供後の記録などを求めています。その時間は、カウントされませんでした。

理解できない根拠にもとづく「生活援助」の提供時間の短縮について、介護給付費分科会では、老健局長(当時)が「訪問介護サービス全般がお世話型になりがちである。掃除、洗濯、料理中心である。そういう在り方であっては自立支援という目的に合わないのではないか」とコメントしました。「家族が行うべき家事をヘルパーに行わせているという場合が結構多いわけです。それは言語道断なんです」(日本慢性期医療協会会長)と後押しする発言もありました。

そして、第五期(二〇一二～一四年度)の介護報酬の改定で、「生活援助」の提供時間は一回四五分が基本になり、介護報酬の引き下げがおこなわれました。

電話相談では「ヘルパーさんが風のようにやってきて、去っていく」という、笑えない相談が寄せられました。ホームヘルパーからは、午前の訪問で洗濯機をまわし、夕方の訪問で干すという作業分断の実情も聞きました。

提供時間の短縮は、ホームヘルパーの「生活援助」を、逆に「単なる家事支援」に後退させたともいえます。

給付と事業のちがい

4章の5で紹介しましたが、二〇一一年、介護保険法の改正により、市区町村の判断で、介護予防ホームヘルプ・サービスと介護予防デイサービスを「介護予防・日常生活支援総合事業」(旧総合事業)に移すことができる、という見直しがおこなわれました。とはいえ、二〇一二年四月から旧総合事業を実施したのは二八市区町村で、参加者は三九一九人と少なく、ほとんどの人は気づきませんでした。

しかし、法律は改正されたのです。要支援認定（要支援1、2）の人をサービス（給付）からはずして、地域支援事業（事業）に移していいことになったのです。

地域支援事業の費用は、介護保険料と税金でまかなわれます（表6-7）。「財源が同じなら、どちらでもいいじゃないか」と思う人もいるでしょう。しかし、要支援認定の人へのサービスは「予防給付」、要介護認定の人へのサービスは「介護給付」が正式名称です。

「給付」は義務的経費とも呼ばれ、サービスを利用する人が増えて、費用が予算額を超えたときは、国や自治体は補正予算を組んで、増えた分のお金をカバーします。ところが、「事業」の場合は、予算額は変えなくていいのです（表6-8）。厚労省は、「給付」から「事業」に移すことで、「結果として費用の効率化が図られることを目指す」と説明をしました。

定期巡回・随時対応サービスの登場

二〇一一年の介護保険法の改正では、地域密着型サービスに、「地域包括ケアシステム」を支える基礎的なサービスとして、定期巡回・随時対応サービス（定期巡回・随時対応型訪問介護看

表 6-7　地域支援事業の財源構成

	介護保険料		税　金		
介護予防・日常生活支援総合事業	第 1 号	第 2 号	国	都道府県	市区町村
	22.0%	28.0%	25.0%	12.5%	12.5%
包括的支援事業 任意事業	第 1 号		国	都道府県	市区町村
	22.0%		39.0%	19.5%	19.5%

社会保障審議会介護保険部会第 58 回(2016 年 5 月 25 日)参考資料 1「地域支援事業の推進」より作成.
注：包括的支援事業と任意事業の費用に，第 2 号介護保険料の負担はありません.

表 6-8　給付と事業のちがい

名　称	総合事業サービス	給付(予防給付・介護給付)	
特　徴	保険者(市区町村)ごとの事業	個別給付	
費　用	事業費(予算の範囲)	費用(義務的経費)	
利用者	非該当＋要支援認定	要支援認定	要介護認定
ケアマネジメント	第 1 号介護予防支援事業	介護予防支援	居宅介護支援
サービス	保険者(市区町村)の裁量	法定サービス(全国共通)	
	地域支援事業	介護予防サービス	介護サービス
利用料	保険者(市区町村)の裁量	介護報酬	
事業者	人員基準・運営基準なし	人員基準・運営基準あり	

社会保障審議会介護保険部会第 44 回(2013 年 5 月 15 日)資料より作成.
注：総合事業サービスの正式名称は「介護予防・生活支援サービス事業」です.

護）が新設されました。

厚労省のホームページでは、「地域包括ケアシステム」について、「可能な限り住み慣れた地域で、自分らしい暮らしを人生の最期まで続けることができるよう、地域の包括的な支援・サービス提供体制（地域包括ケアシステム）の構築を推進しています」と説明しています。

定期巡回・随時対応サービスは、要介護認定の人が対象で、ホームヘルプ・サービスと訪問看護を組みあわせて、二四時間対応で、定期的な訪問（定期巡回）と、必要なときの随時訪問（随時対応）を提供します。

二〇一七年現在、全国で四割の市区町村が、定期巡回・随時対応サービス事業所を指定しています（表6-9）。

しかし、サービスを選んでいるのは二万人と低調です。

総務省は二〇一三年に、「既存の訪問介護と比べて一回当たりに頼める時間が少ない」と指摘する市区町村があると報告しています（『高齢者の社会的孤立の防止対策等に関する行政評価・監視結果に基づく勧告』）。

表 6-9 「地域差」が大きい地域密着型サービス

地域密着型サービス	利用者	指定市区町村	指定割合	事業所
小規模デイサービス	40万 686人	1512	95.8%	1万9904事業所
認知症グループホーム	19万7710	1510	95.7	1万3431
小規模多機能型居宅介護	10万4107	1165	73.8	5348
認知症デイサービス	5万7398	1002	63.5	3552
小規模特別養護老人ホーム	5万5020	915	58.0	2201
定期巡回・随時対応サービス	1万9182	683	43.3	853
看護小規模多機能型居宅介護	7909	269	17.1	479
夜間ホームヘルプ・サービス	7499	146	9.3	185
小規模特定施設	7227	224	14.2	321

利用者と指定市区町村は厚生労働省「介護保険事業状況報告(暫定)2018年1月分」,事業所数は「介護給付費等実態調査月報2018年1月審査分」より作成.
注:指定割合は,全国1578保険者(市区町村)のうち,事業所を指定している割合です.また,指定している市区町村でも事業所数は異なります.事業所数は,介護報酬の「請求事業所数」です.

介護予防ホームヘルプ・サービスから訪問型サービスに

そして、二〇一四年、医療介護総合確保推進法(地域における医療及び介護の総合的な確保を推進するための関係法律の整備等に関する法律)の成立とともに、介護保険法が改正されて、すべての市区町村は、介護予防ホームヘルプ・サービスと介護予防デイサービスを、地域支援事業の総合事業サービスに移すことになりました。この改正は、「地域包括ケアシステムの構築」のための「重点化・効率化」に位置づけられています。

総合事業サービスについて、ほとんどの人はまだ、知らないと思います。

その理由のひとつは、この章の2で説明したように、総合事業サービスに移すのに猶予期間があり、すべての市区町村が完了したのは二〇一八年三月と、三年がかりになったことがあります。二〇一八年六月の段階で、まだ全国的な状況は不明です。

もうひとつの理由は、猶予期間のあいだは、これまで介護予防ホームヘルプ・サービスと介護予防デイサービスを提供していた事業所が、そのまま総合事業サービスの委託事業所になるケースがほとんどだったことです。委託事業所は「みなし指定事業所」と呼ばれました。利用する事業所もスタッフも変わらないので、契約書やケアプランをよく読まなければ、利用している人でも気づけなかったのです。

しかし、「みなし指定事業所」もまた、第六期(二〇一五〜一七年度)の経過措置で、二〇一八年三月に終了しました。二〇一八年の通常国会では、六七六市区町村で、委託の更新をしない事業所があるという厚労省の調査が報告されました。

介護保険が期待する「地域の支え合い」

厚労省は、市区町村向けの『介護予防・日常生活支援総合事業ガイドライン』で、限られた事業費で総合事業サービスの委託事業所を増やす方法として、住民団体やNPOを「多様な提供主体」にして、「地域の支え合い」に活用することを推奨しています。

これに対応するように、地域支援事業の包括的支援事業に「生活支援体制整備事業」が追加されて、消費税の増収分を投入し、「多様な提供主体」と利用する人を調整する生活支援コーディネーター(地域支え合い推進員)や、協議体の設置をすることになりました(表6-2)。

ふりかえると、介護保険がはじまる前には、各地の市民団体などが、ホームヘルパー養成研修を受け、介護を必要とする人を支えるために、ボランティア活動から発展させた「非営利有償サービス」を広げていました。一九九八年にはNPO法(特定非営利活動促進法)が成立し、NPO法人として、介護保険の指定事業所になったところもあります。

しかし、介護保険は「地域包括ケアシステムの構築」をするために、総合事業サービスを導入して、要支援認定の人を再び、「地域」に押し戻そうとしています。また、行政が主導する

「非営利有償サービス」が全国展開されようともしています。

いずれにしても、今後も要支援認定の人は増えつづけると予測されるなか、市区町村は総合事業サービスを支えきれるのでしょうか。

要介護1、2への「生活援助」

二〇一五年、安倍晋三内閣は、経済・財政一体改革推進委員会（新浪剛史会長）で、『経済・財政再生アクション・プログラム』を策定しました。同プログラムの「経済・財政再生計画改革工程表」は、介護保険の「軽度者の生活援助に係る負担のあり方」をクローズアップし、「関係審議会」に、二〇一六年末までに結論を出すことを求めました。

翌年、介護保険部会（遠藤久夫部会長）は、「生活援助中心のサービス提供の場合の緩和された人員基準の設定等については、二〇一八年度介護報酬改定の際に改めて検討を行う」と『意見』をまとめて、議論を先送りしました。

社会保障審議会は、「軽度者」を定義しませんでした。しかし、財政制度等審議会（榊原定征会長）は、「要介護2以下」と明記しました。「要介護2以下」とは、要介護1、2の人です。

政府に歩調をあわせるように、介護保険部会では、聞き逃せない委員の発言がありました。「生活動作が自立することなく何年もだらだらと提供され続けている」(日本医師会常任理事)にはじまり、「だらだらやっているのではないかという疑念があるということは、しっかり受けとめていただかなければならない」(慶應義塾大学教授)、「維持、改善に寄与しないサービスを漫然とだらだらやっていくということは、この先もあってはいけない」(日本看護協会常任理事)という批判があいついだのです。

そして、二〇一七年、介護保険法の改正案は、「地域包括ケアシステムの深化・推進」のため、「自立支援・重度化防止に向けた保険者機能の強化」を掲げました(前出表6-4)。

ホームヘルパーの「機能分化」

二〇一七年六月、政府は『骨太の方針二〇一七』(経済財政運営と改革の基本方針二〇一七)でふたたび、「生活援助を中心に訪問介護を行う場合の人員基準の緩和やそれに応じた報酬の設定」について、介護報酬の改定で検討することを求めました。

介護給付費分科会(田中滋分科会長)は一二月、第七期(二〇一八〜二〇年度)の介護報酬の改定

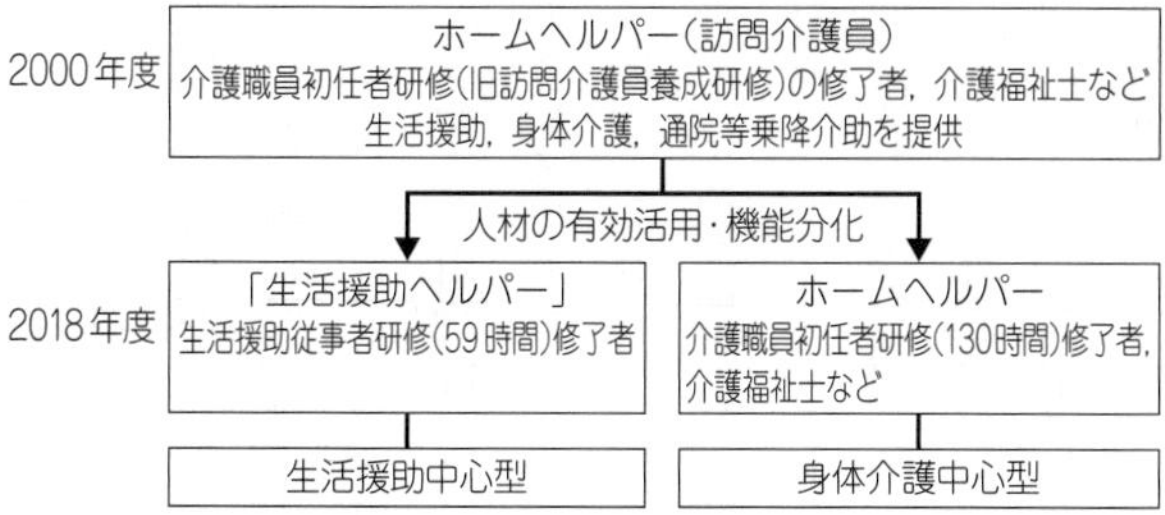

社会保障審議会介護給付費分科会第158回（2018年1月26日）参考資料1「2018年度介護報酬改定における各サービス毎の改定事項について」より作成．

図6-4　ホームヘルパーの「機能分化」

について『審議報告』をまとめ、ふたつの見直しを盛り込みました。ひとつは、「多様な人材の確保と生産性の向上」のために、「生活援助の担い手の拡大」をすることです。具体的には、ホームヘルパーを「身体介護中心型」と「生活援助中心型」にわける「機能分化」をおこなうことになりました（図6-4）。

これまで、ホームヘルパーになるには、初任者研修（一三〇時間、旧ホームヘルパー研修2級課程）を修了していることが条件でした。しかし、「生活援助中心型」のホームヘルパーは、研修時間を短くした「生活援助従事者研修」（五九時間）の修了者でいいという「緩和された人員基準」になりました。

「生活援助」の利用回数

もうひとつの見直しは、この章の2で説明しましたが、ケアマネジャーが所属する居宅介護支援事業所の運営基準が見直され、要介護認定の人が月に一定回数以上の「生活援助」をケアプランに組む場合は、市区町村に事前に届け出ることが義務づけられました。

こちらの背景には、財政制度等審議会の財政制度分科会(榊原定征分科会長)が、「生活援助中心型」の利用状況を調べて、平均は月一〇回程度なのに、二・五万人が月三〇回以上の利用をしている、なかには一〇〇回以上の利用もあったと批判したことがあります。

しかし、月一〇〇回の「生活援助」の利用は、はたして多いのでしょうか。二〇一二年度以降、「生活援助」の一回の滞在時間は四五分(基本)です。二四時間のサービスを提供する認知症グループホームや特定施設(介護付有料老人ホームなど)、施設サービスに比べると、一日に三回訪問しても二時間一五分にしかなりません。

厚労省は介護給付費分科会に財政制度分科会の資料を紹介するとともに、月に九〇回以上、「生活援助」を利用しているケースの調査結果を報告しました。ひとり暮らしで、認知症の症状が重い人がほとんどで、「歩行すらままならない」、「食事・水分摂取をしない」、「被害妄想が強い」など一日に複数回の訪問が必要なケースが並びました。調査に応じた市区町村の九割以上は、「生活援助」の月九〇回以上の利用は妥当だと回答していました（社会保障審議会介護給付費分科会第一五二回資料1「訪問回数の多い利用者への対応（自治体調査結果）」）。

介護給付費分科会は、事業者団体へのヒアリングもおこないました。

日本ホームヘルパー協会（青木文江会長）は、「それぞれの事例には個別の事情があり、一律に回数のみで評価すべきではない」と主張しました。そして、「本来、『身体介護』で提供すべきものが、利用者負担額の軽減や、支給限度額の範囲におさめるために、無理やり生活援助に位置づけられている場合もある」とも指摘しました。つまり、利用する人の支払い能力を考えて、「身体介護」より介護報酬が低い「生活援助」でカバーしているケースがあるというのです。

しかし、介護給付費分科会は、利用する人の経済的な事情を検討しませんでした。公益社団法人認知症の人と家族の会（鈴木森夫代表理事）の委員は、くりかえし回数による制限の撤回を求めましたが、ほかの委員が応じることはありませんでした。

「統計的な数字」による基準

二〇一八年五月一〇日、厚労省は、「生活援助」の全国平均利用回数を「統計的な数字」と呼び、要介護1は月二七回、要介護2は月三四回、要介護3は月四三回、要介護4は月三八回、要介護5は月三一回という「基準」を出しました(『厚生労働大臣が定める回数及び訪問介護の公布について』)。

この回数を超える場合は、ケアプランの事前届け出が必要になります。実施は二〇一八年一〇月です。対象になるのは二・四万人と推計されています。市区町村が利用回数をチェックするのは、「利用者の自己決定、自己選択」ではなく、措置制度に逆戻りしたかのようです。

また、一連のケアマネジメントの作業をしているにもかかわらず、回数だけで事前審査が必要というのは、ケアマネジャーやサービス担当者会議の専門性を疑っていることでもあります。

ひとり暮らしや高齢夫婦の「介護のある暮らし」の荒廃をまねきそうな、また、働きながら介護する家族に「介護離職」をうながすような、不安材料が増える見直しになりました。

なお、二〇一八年四月一一日、財政制度分科会は『今後の社会保障改革の考え方』で、「残された要介護1・2の者の生活援助サービス等の更なる地域支援事業への移行も進めていく必要」があるという「改革の方向性（案）」を公表しています。

4　特別養護老人ホームの条件

特別養護老人ホーム（介護老人福祉施設）は、一九六三年から、老人福祉法にもとづいて、身寄りがない人や低所得の人を受けいれてきた「生活施設」です。介護保険とともに、施設サービスのひとつになりました。

利用者と待機者

特別養護老人ホームを運営するのは、ほとんどが社会福祉法人です。利用する人は、三八万人（二〇〇一年度）から六六万人（二〇一六年度）になり、一・七倍に増えました（図6-5）。

一方で、ひとり暮らしや老老世帯で介護する人がいない、あるいは介護をする人が疲れ果ててしまったなど、さまざまな理由で、特別養護老人ホームを希望する人が増えていました。しかし、すぐに利用することができず、待機者リストに並ぶ人が、二〇〇九年には四二・一万人

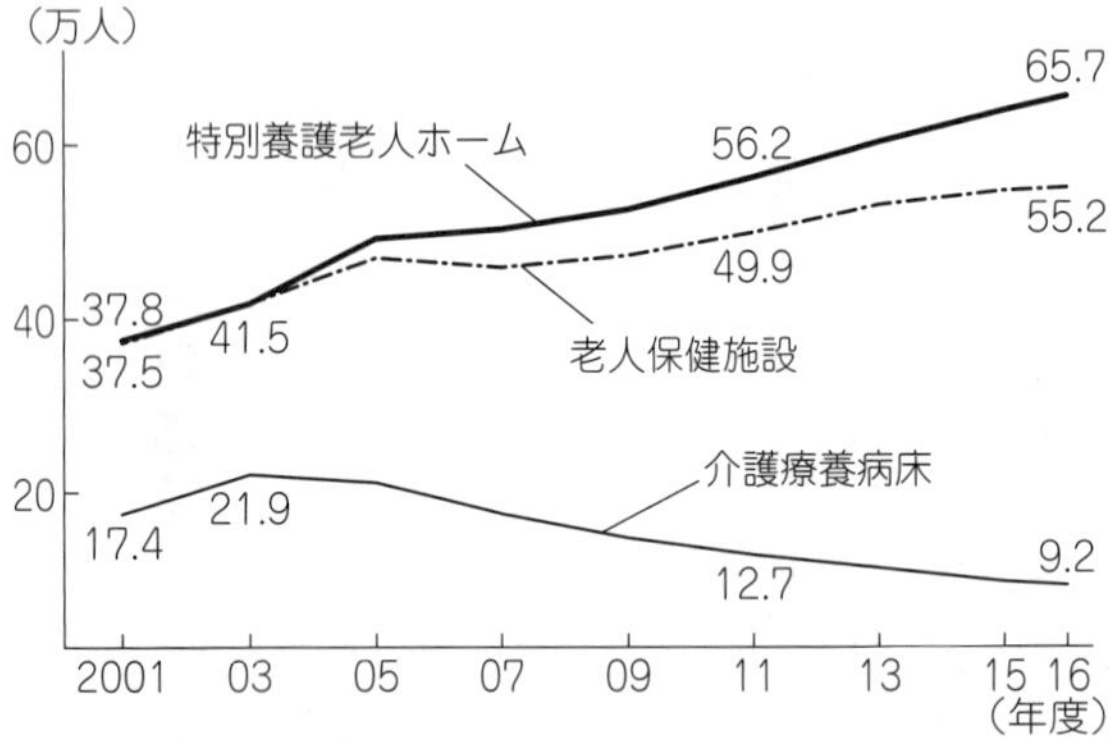

厚生労働省「介護給付費実態調査結果の概況」より作成.

図 6-5　施設サービスの利用者

になりました(図6-6)。

当時、特別養護老人ホームを利用しているのは五三万人でしたから、八割が交代しなければ、利用できない状況でした。このため、特別養護老人ホームは「入所基準」をつくり、利用できる人に優先順位をつけました。

つまり、介護認定を受けた人が選ぶのではなく、事業所が利用する人を選ぶ状況がつづいていたのです。

電話相談では「特養を希望しても、二〜三年待ちと言われた」、「希望しても、施設は選べない」、「まだ、施設は考えていないが、早いうちに申し込みをしたほうがいいと言われた」などの声がありました。

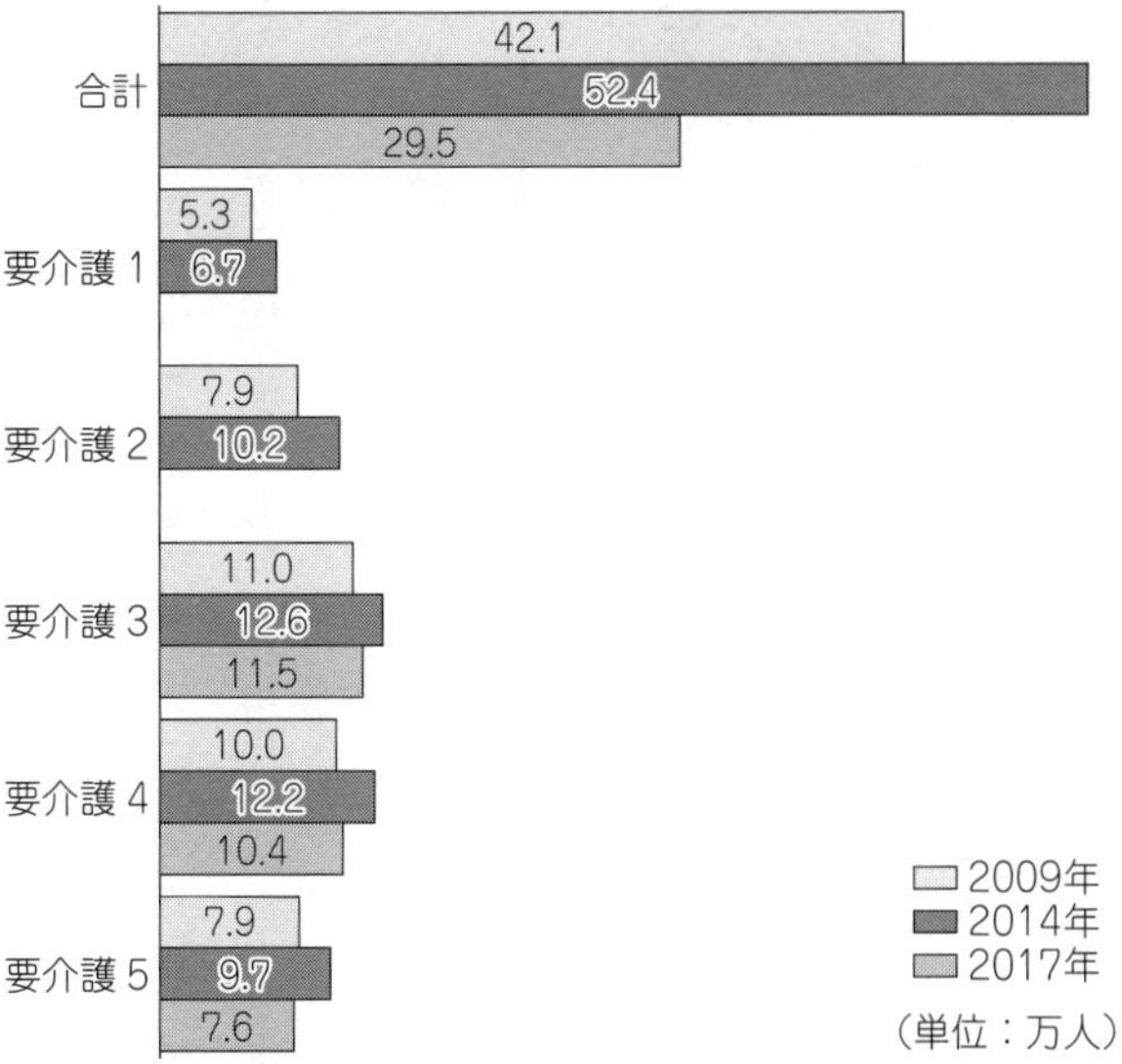

厚生労働省「特別養護老人ホームの入所申込者の状況」より作成.
注 1：2015 年度以降，特別養護老人ホームの新規利用は要介護 3 以上になり，要介護 1 と 2 の待機者は調査されなくなりました.
注 2：2014 年調査では，別に「要支援等」の待機者が 0.9 万人います.

図 6-6 特別養護老人ホームの待機者

「総量規制」という制限

待機する人が増える原因のひとつは、特別養護老人ホームが、「総量規制」により、新設を制限されてきたことにあります。総量規制は、市区町村が介護保険事業計画に設定した定員数に達している場合、都道府県などが事業所の指定を拒否できるしくみです。対象は、施設サービスと介護付有料老人ホーム、認知症グループホームです。

もうひとつは、費用の問題です。電話相談で、市民団体から

「市に特別養護老人ホームを増やすよう要望したら、介護保険料がはねあがっていいのかと反論された」という声が寄せられたことがありました。市区町村が需要に応じて特別養護老人ホームを整備すると、在宅サービスに比べて費用が高い施設サービスを増やすことになります。そうすると、税金とともに、介護保険料も引き上げになるのです(図3-1)。

特別養護老人ホームをつくる費用

特別養護老人ホームを増やすためには、建設費もかかります。特別養護老人ホームの建設単価は、一平方メートル二六・二万円(全国平均)で、定員ひとり当たり一二八七・八万円と報告されています(独立行政法人福祉医療機構『二〇一五年度福祉・医療施設の建設費について』)。

特別養護老人ホームの平均定員は六九人なので、単純計算ですが、ひとつの施設をつくる建設費は九億円になります。なお、全国平均以上に建設費が高いのは首都圏、関東・甲信、東北の三つのエリアで、北海道と中国・四国は低くなります。

特別養護老人ホームの建設費には、厚労省の「地域介護・福祉空間整備等施設整備交付金」など、補助金(税金)が投入されています。つまり、特別養護老人ホームをはじめとする大規模な施設をつくるには、政府予算が大きな影響を与えているのです。

「真に入所が必要な者」は四万人

特別養護老人ホームの待機者数が話題になってから二年後の二〇一一年、介護給付費分科会（大森彌分科会長）で、特別養護老人ホームからみて「真に入所が必要」なのは、待機している四二・一万人のうちの一割、四万人にすぎないという調査結果が報告されました（医療経済研究機構『特別養護老人ホームにおける入所申込の実態に関する調査研究』）。

資料をみると、「すぐにでも入所が必要」な待機者のほかに、「優先して入所させるべき」が一割、「入所の必要はあるが、最大一年程度現在の生活の継続が可能」が三割とありました。また、特別養護老人ホームに申し込みをしている理由は、「同居家族等による介護が困難」が六割、「介護する家族等がいない」が二割と報告されていました。

要介護3以上が原則に

そして、二〇一四年、待機者は五二・四万人とさらにふくらみました。

ところが、同じ年に、「地域包括ケアシステムの構築」を掲げた介護保険法の改正で、「重点化・効率化」のために、特別養護老人ホームを利用できるのは、要介護3以上の人が原則になったのです（前出表6-3）。

二〇一五年四月以降、要介護1、2の人は、特別養護老人ホームを希望することもできなくなりました。ただし、①すでに特別養護老人ホームを利用している「軽度の要介護者」（要介護1、2）は継続できる、②「軽度の要介護者」でも、やむをえない事情がある場合は新規の利用（特例入所）を認める、とされました。

電話相談では、②の特例入所について、「市の担当者から要介護3にならないと、利用できないと言われた」という声がありました。

二〇一七年の通常国会で、特例入所の有効性を問われた厚労省は、同年三月、市区町村に、要介護1、2の人であっても、申し込みを拒否しないようにという通知を出しました（表6-10）。しかし、申し込みは受けつけられても、実際に利用できるかどうかは別の問題です。

毎日新聞は、「特養全国アンケート調査」（二〇一七年五月）をおこない、要介護3であっても受け入れない事業所があることを報道しました。受け入れない理由は、第六期（二〇一五〜一七

表 6-10　特別養護老人ホームの入所判定基準

特別養護老人ホームの利用ができる人(入所判定対象者)
要介護３から要介護５の要介護者
特例入所の対象者(やむを得ない事由がある要介護１，２の要介護者)

特例入所の対象者(要介護 1，2)
①認知症で，日常生活に支障を来すような症状・行動や意思疎通の困難さが頻繁に見られる
②知的障害・精神障害等を伴い，日常生活に支障を来すような症状・行動や意思疎通の困難さ等が頻繁に見られる
③家族等による深刻な虐待が疑われること等により，心身の安全・安心の確保が困難である
④単身世帯である，同居家族が高齢又は病弱である等により家族等による支援が期待できず，かつ，地域での介護サービスや生活支援の供給が不十分である

厚生労働省「指定介護老人福祉施設等の入所に関する指針について」(2017 年 3 月 29 日老高発 0329 第 1 号)「入所判定対象者の選定について」より作成.

年度)の介護報酬の改定で、要介護3よりも「更に、重度者等の積極的な受け入れを行うことを評価する」ことにしたからです。特別養護老人ホームを新規で利用する人のうち、要介護4と5が七割以上などの条件をクリアした場合、「日常生活継続支援加算」を増額するという見直しがおこなわれていました。

結果として、特別養護老人ホームを利用できる条件は、介護保険法では要介護3以上、介護報酬では要介護4以上になったともいえます。

待機者は半減

二〇一四年の段階で、特別養護老人ホームを利用する人の認定ランクは、平均3・28でした。法律を改正してまで、要介護3以上に制限しなくてもよさそうな数字です。

ところが、二〇一七年三月、厚労省が公表した特別養護老人ホームの待機者数は、二九・五万人になりました。要介護3〜5の待機者しか集計しなくなったので、二〇一四年の五二・四万人から、ほぼ半減したのです(図6-6)。

特別養護老人ホームの利用条件を原則、要介護3以上とする改正は、待機者を数字のうえで減らすことが目的だったとしか思えません。「同居家族による介護が困難」、「介護する家族がいない」という現実を抱えた二〇万人以上の人たちは、どうしたらいいのでしょうか。

空き部屋と職員不足の関係

なお、二〇一七年の介護給付費分科会で、特別養護老人ホームの待機者がいるのに、空き部屋がある、という矛盾した問題がとりあげられました。その原因は、「職員の採用が困難」、「職員の離職が多い」というものでした。

施設整備と人手不足の関係は、都道府県が市区町村を支援するために策定する介護保険支援計画にもあらわれました。埼玉県では、第七期(二〇一八〜二〇年度)の計画で、特別養護老人ホームを三七〇〇人分、整備することを予定しました。しかし、埼玉県議会で、特別養護老人ホームの空床率(空き部屋の割合)が全国一高いのに、介護職員を一八〇〇人もあらたに確保できるのか、という疑問が出されたのです(二〇一八年三月六日、朝日新聞)。

特別養護老人ホームは施設数が少ないだけでなく、介護労働者がいないので利用できないという事態が広がることも心配されます。

介護医療院の登場

特別養護老人ホームが要介護3以上と制限されたのにつづき、二〇一七年の介護保険法の改正では、「地域包括ケアシステムの深化・推進」のために、「医療・介護の連携の推進」をおこなうという理由で、介護医療院が四番目の施設サービスになりました(前出表6-4)。

介護医療院は、「日常的な医学管理」と「看取り・ターミナル」、「生活施設」の機能を備えた施設とされ、介護療養病床が転換するほか、老人保健施設、医療保険が適用されている医療療養病床、一般病院などが参入できます。事業所はすべて、医療法人になります。

介護療養病床そのものは、二〇〇五年、介護給付費分科会（大森彌分科会長）が「介護保険と医療保険の機能分担の明確化」を求めて、老人保健施設などに転換して廃止する予定でした。二〇一一年度まで猶予期間がありましたが、転換に応じる介護療養病床は少なく、二〇一七年度まで再延長されました。そして、二〇一七年の改正で、介護療養病床の転換先は介護医療院に変わり、猶予期間はみたび、二〇二三年度まで延長されました。

また、介護療養病床を利用する人は、二〇〇三年度の一二万人をピークに、転換構想が登場してからは、減りつづけていました（図6-5）。

一方、医療療養病床には、二〇一五年の段階で、二八万人が入院しています（表6-11）。介護保険の施設サービスに二八万人が加わると、医療保険の費用は減るのでしょうが、介護保険の費用が相当、増えることになります。しかし、二〇一七年の通常国会では、具体的な内容は「二〇一八年度介護報酬の改定とあわせて議論」するとして、財源の議論はないままに、介護医療院の新設が決まりました。

介護医療院に参入する医療療養病床や病院は未知数ですが、厚労省は介護医療院のロゴマー

表 6-11　介護医療院に転換する療養病床

	介護療養病床	医療療養病床
対象者	利用者	患者
病床数	6.3 万床	27.7 万床
1 人当たり費用	約 35.8 万円	入院基本料 1　約 59.6 万円 入院基本料 2　約 45.8 万円

社会保障審議会療養病床の在り方等に関する特別部会第 1 回(2016 年 6 月 1 日)資料 2-2「療養病床・慢性期医療の在り方の検討に向けて」より作成.

注：入院基本料は「看護師及び准看護師」の配置数で変わります．診療報酬の基準では入院基本料 1 は患者 20 人に 1 人，入院基本料 2 は患者 25 人に 1 人，介護療養病床は利用者 30 人に 1 人です．

クの募集や、医療法人向けにコールセンターを設置するなど、「転換・参入」をすすめています。特別養護老人ホームの待機者二三万人が減って、介護医療院に二八万人が増える構図です。

なお、改正案を読んだときに気になったのは、一般病院や診療所が介護医療院になる場合は、「転換前の名称を引き続き利用できる」とあったことです。「なじみのある名前を使ってもらう」と説明されていますが、病院と名乗ったままでは、介護保険の施設サービスとはわかりません。「介護保険と医療保険の機能分担の明確化」は、どこにいったのでしょうか。

有料老人ホームは九倍に

介護保険がはじまってから、特別養護老人ホームを選ぶことができない状況がつづくなか、代替するように、有料老人ホームとサービス付き高齢者向け住宅が増えてきました。

有料老人ホームは、老人福祉法にもとづき、都道府県への届け出が義務づけられている施設です。二〇〇〇年に、有料老人ホームに入居しているのは四万人(三四九施設)でしたが、二〇一三年には三五万人(八四九九施設)と九倍に増えました。

急速に増えた理由のひとつに、二〇〇六年、老人福祉法が改正されて、一人以上の入居者に、①食事、②介護、③家事、④健康管理のうち、ひとつでもサービスを提供している場合は、都道府県に有料老人ホームの届け出をすることになったことがあります。届け出をしていない場合は、「無届け施設」になります。

また、有料老人ホームは、「介護付」と「住宅型」にわかれます。

介護付有料老人ホームは、介護保険の特定施設(特定施設入居者生活介護)の指定を受けた事業所で、二九万人(二〇一六年度)が利用しています。なかには、介護認定を受けていない人も入居している「混合型」もあります。

住宅型有料老人ホームは、特定施設の指定を受けていないため、認定を受けた入居者は、自宅と同じようにケアプランをつくり、在宅サービスを利用します。なお、住宅型有料老人ホームの事業者が、ホームヘルプ・サービスやデイサービスの事業所を併設して、サービスを提供している場合もあります。

サービス付き高齢者向け住宅は激増

サービス付き高齢者向け住宅（略称　サ高住）は、二〇一一年、高齢者住まい法（高齢者の居住の安定確保に関する法律）の改正で登場したバリアフリー仕様の賃貸住宅です。

厚労省と国土交通省（国交省）が共同企画（共管）で整備をすすめ、一戸一〇〇万円の建設補助金がつき、二〇一五年度には一戸一二〇万円（夫婦タイプは一戸一三五万円）に増額されました。このため、最初は三四四八戸（三〇棟）だったのが、二〇一七年七月には二二万八八五一戸（六六九七棟）になり、戸数は六四倍と激増しました。

民間会社の運営が七割で、一人部屋がほとんどです。二〇一二年の調査では、入居者の平均年齢は八二・六歳。認定ランクは平均1・8で、特別養護老人ホームをなかなか利用できない要介護1と要介護2の人が四割になります（財団法人高齢者住宅財団『サービス付き高齢者向け住宅等の実態に関する調査研究』)。

利用するのは在宅サービス

サービス付き高齢者向け住宅について、国交省の説明をはじめて聞いたとき、〝罪作り〟な名前だと思いました。なぜかといえば、「サービス付き」にセットされているのは「安否確認」と「生活相談」のふたつだけなのです(東京都は「緊急時対応」を加えています)。

また、わかりにくいのは、ホームヘルプ・サービスやデイサービスなど、在宅サービスの事業所を併設したサービス付き高齢者向け住宅もあることです。併設はされていても、介護保険のサービスはパッケージではありません。在宅サービスの自己負担は別に支払い、家賃や光熱費、共益費、食事や清掃、基本サービス費などもすべて別料金です。

なお、少数ですが、介護付有料老人ホームと同じように、介護保険の特定施設の指定を受けているサービス付き高齢者向け住宅もあります。

まぎらわしい条件がいくつもありますが、有料老人ホームやサービス付き高齢者向け住宅と契約をするときは、まず、費用がいくらになるのか、注意を払う必要があります。また、サービスの内容や、認定ランクが高くなったときのことなども調べておいたほうがいいでしょう。

厚労省はホームページで、『高齢者向け住まいを選ぶ前に　消費者向けガイドブック』を公表し、有料老人ホームやサービス付き高齢者向け住宅を選ぶときのチェックポイントを紹介しています。


（追記）

二〇二〇年の介護保険法改正案を議論した社会保障審議会介護保険部会では、経済財政諮問会議や財政制度等審議会が提案した「給付と負担」について、次のテーマを「引き続き検討」と先送りにしました。ただし、厚労省は「給付と負担について不断の見直し」をするとしています。

・被保険者・受給者範囲
「制度の普遍化」（二四六ページ参照）の議論は、再び保留になりました。
・多床室の室料負担
施設サービスとショートステイで相部屋を利用する場合、水道光熱費が自己負担で、家賃はありません。相部屋にも家賃相当分の負担を追加するのは継続審議になりました。

●ケアマネジメントに関する給付のあり方

「ケアマネジメントの有料化」(一七二ページ参照)は継続審議になりました。

●軽度者への生活援助サービス等に関する給付のあり方

「軽度者」は要介護1と2の人で、「生活援助サービス等」を介護予防・日常生活支援総合事業(新総合事業、一一五ページ参照)に移すことは継続審議になりました。なお、要支援1と2の人へのホームヘルプ・サービスとデイサービスはすでに総合事業サービスです(一九〇ページ参照)。介護保険部会は、要介護1以上になった場合、「総合事業の利用が継続できなくなる」ので、要介護認定になっても総合事業を利用できる「弾力化を行うことが重要」としています。

●「現役並み所得」「一定以上所得」の判断基準

サービスの自己負担は原則一割で、「一定以上所得」は二割、医療保険の「現役並み所得」は三割に改正されました(一三六ページ参照)。今回の原則二割への引き上げは、継続審議になりました。

7章　介護保険を問いなおす

1　介護報酬の課題

介護保険のサービスを必要とする人や、介護をする人にとって、自己負担(利用料)の金額は気になりますが、本体の介護報酬の見直しにはあまり関心が向きません。しかし、介護保険法(法律)と介護報酬(サービス料金)の見直しはセットになっています。

そして、介護報酬の増減は、事業所の収入をコントロールするため、サービスの提供に直接的な影響を与えます。

介護報酬の全体の水準(改定率)は、政府の「予算編成の過程」で決まります。第一期(二〇〇〇〜〇二年度)から、改定率をみていくと、アップダウンの連続です(表7-1)。第一期を一〇〇とすれば、第七期(二〇一八〜二〇年度)は九八・九で、初年度よりまだ低い状況にあります。また、全体といっても、「在宅分」と「施設分」にわけられた改定率は異なります。

そして、サービス別の介護報酬の改定では、基本報酬(基本サービス費)と加算報酬の複雑な組みあわせで、変更がおこなわれています(図7-1)。

介護報酬の推移

介護報酬のマイナス改定は、予算(税金)の節約だけでなく、被保険者や事業主が払う介護保険料、利用する人の自己負担が安くなることにもつながります。しかし、介護報酬の引き下げは、被保険者にとって、メリットになるでしょうか。

介護報酬が下がると、サービスを提供する事業所の売り上げが減ります。介護保険のサービスは、労働集約型とも呼ぶそうですが、介護認定を受けた人への対人サービスなので、人件費の割合が高いのが特徴です。

2章の3で説明したように、事業所の減収は人件費を直撃して、介護労働者の給与が下がります。六年間にわたる介護報酬の引き下げと反比例するように、二〇〇七年には、介護労働者

表 7-1　介護保険法改正と介護報酬改定の関係

年	介護保険法(立法府：国会)	介護報酬(行政府：厚生労働省)	
1997	12 月，介護保険法成立		
2000	4 月，介護保険法施行	第 1 期	
01			
02			
03		第 2 期	マイナス 2.3% 改定 (在宅分プラス 0.1%，施設分マイナス 4.0%) マイナス 1.9% 期中改定 (施設分マイナス 1.9%)
04			
05	6 月，改正法成立 10 月，一部施行		
06	4 月，2005 年改正施行	第 3 期	マイナス 0.5% 改定 (在宅分マイナス 1.0%，施設分± 0.0%)
07			
08			
09		第 4 期	プラス 3.0% 改定 (在宅分プラス 1.7%，施設分プラス 1.3%)
10			
11	4 月，改正法成立		
12	4 月，2011 年改正施行	第 5 期	プラス 1.2% 改定 (在宅分プラス 1.0%，施設分プラス 0.2%) プラス 0.63%(期中改定)
13			
14	6 月，改正法成立		
15	2014 年改正 4 月，一部施行 8 月，一部施行	第 6 期	マイナス 2.27% 改定 (在宅分マイナス 1.42%，施設分マイナス 0.85%)
16	8 月，一部施行		
17	6 月，改正法成立 8 月，一部施行		プラス 1.14%(期中改定)
18	4 月，2017 年改正施行	第 7 期	プラス 0.54% 改定 (サービス区分は未公表)

厚生労働省「介護報酬の見直し案の概要」より作成.

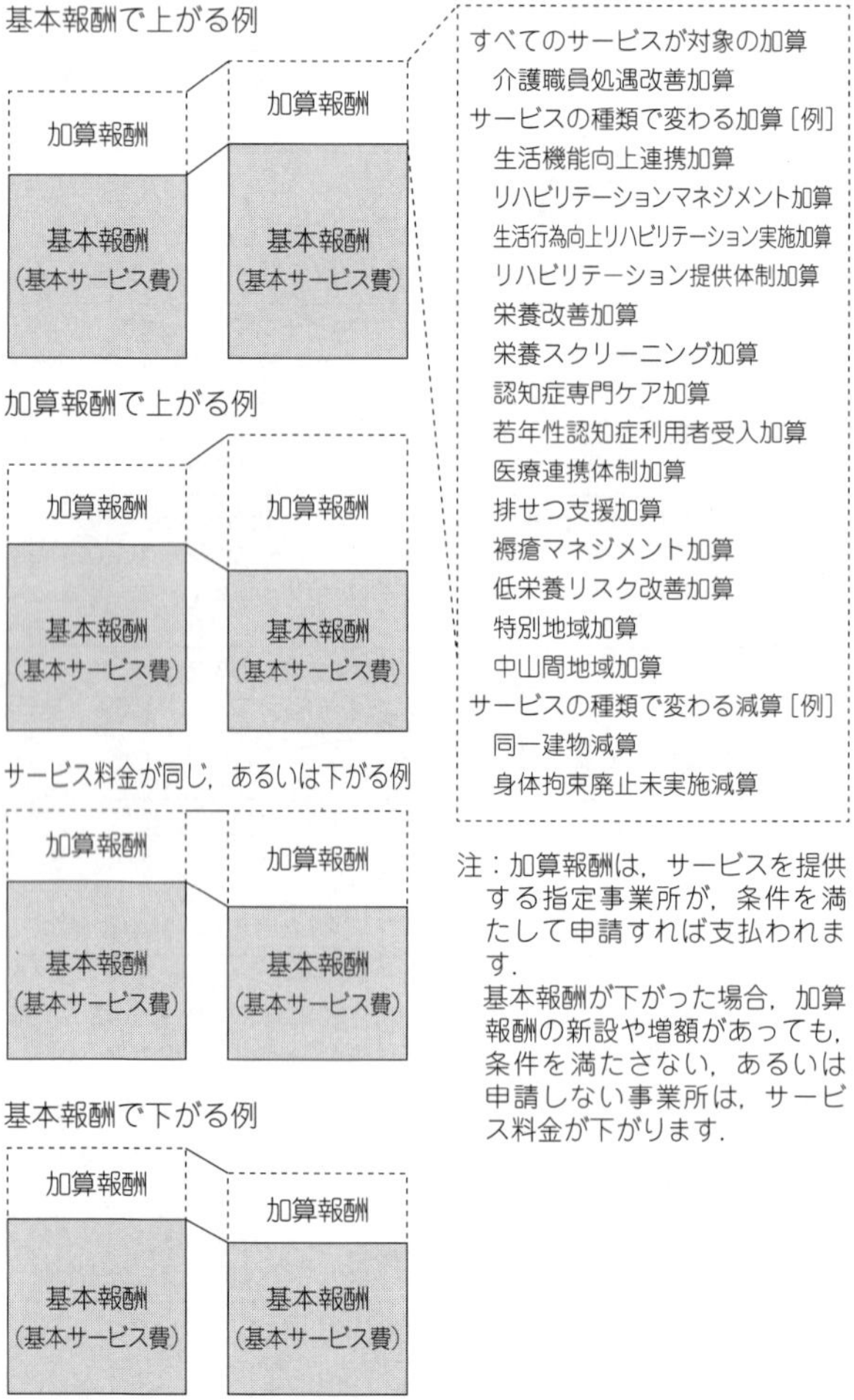

注：加算報酬は，サービスを提供する指定事業所が，条件を満たして申請すれば支払われます．
基本報酬が下がった場合，加算報酬の新設や増額があっても，条件を満たさない，あるいは申請しない事業所は，サービス料金が下がります．

厚生労働省「2015年度介護報酬改定　改定前後の介護報酬のイメージ（主なサービス）」より作成．

図 7-1　サービス料金（介護報酬）の改定方法

の離職率は二〇％を超える事態になりました(図2-5)。

介護報酬が下がり、介護労働者が減ったために、サービスを提供する事業所が撤退することになれば、認定を受けた人がサービスを選ぶ機会も少なくなります。

介護労働者を確保するためのプラス改定

二〇〇八年になり、介護労働者の給与を引き上げるために交付金がつくられて、介護報酬とは別に税金が投入されました。そして、第四期(二〇〇九～一一年度)の介護報酬の改定率は、はじめて、プラス三・〇％になりました。つづく第五期(二〇一二～一四年度)は、交付金が「介護職員処遇改善加算」として介護報酬に組みこまれ、プラス一・二％になりました。

ただし、プラス一・二％の明細をみると、介護職員処遇改善加算(加算報酬)はできましたが、すべての事業所に支払う基本報酬はマイナス〇・八％でした。

期間限定の介護職員処遇改善加算

一方、この介護職員処遇改善加算の新設をめぐり、第五期の介護報酬を議論した社会保障審議会の介護給付費分科会(大森彌分科会長)は、紛糾しました。「賃金に国が介入するというのは、やはり慎んでほしい」(地域ケア政策ネットワーク研究主幹)、「どの程度処遇改善ができるかと、それはあくまでも経営の判断」(全国老人保健施設協会会長)など、反対する意見があいつぎました。その結果、介護給付費分科会の『審議報告』は、介護職員処遇改善加算を「例外的、経過的な措置」として、第五期のみという三年間の時限措置にしました。

交付金につづいて、介護職員処遇改善加算も期間限定になり、介護労働者だけでなく、事業所からみても、つぎの改定でどうなるかわからないという不安定な位置づけになりました。このため、介護職員処遇改善加算は、介護労働者の基本給の引き上げ(ベースアップ)にはつながらず、手当や一時金の増額にあてられました。

なお、第五期の三年目の二〇一四年度に、消費税が五%から八%に引き上げられたことに対応して、プラス〇・六三%の「期中改定」がおこなわれました。

そして、第六期(二〇一五~一七年度)の改定率は、ふたたび、マイナス二・二七%になりました。基本報酬はマイナス四・四八%の引き下げでした。ただし、第六期も介護職員処遇改善加算は継続になりました。とはいえ、介護給付費分科会(田中滋分科会長)では、「存続させるべきではない」(日本経済団体連合会常務理事)、「労使間において自律的に決定されるもの」(健康保険組合連合会理事)など、相変わらず反対意見があり、再び、三年間の期間限定になりました。

一方、二〇一六年、安倍晋三内閣は『ニッポン一億総活躍プラン』で、二〇二〇年代初頭までに、介護を理由に仕事を辞める人をなくす「介護離職ゼロ」を掲げました。そして、介護離職を防ぐには、サービスを充実させる必要があるとして、介護職員処遇改善加算を増額しました。このため、第六期の三年目にあたる二〇一七年度に、プラス一・一四％の「期中改定」がおこなわれました。第六期の介護報酬の改定率を下げたのは政府、途中で加算を増やしたのも政府、という迷走する改定でした。

人件費の試算

介護給付費分科会を傍聴していると、介護報酬は、最初から人件費を安く見積もっていたのだろうか、という疑問にかられます。二〇〇九年、大河原雅子参議院議員(現衆議院議員)が、厚生労働省(厚労省)に「介護職員の給与を全産業平均水準にするには、いくら必要なのか」と試算を求めたことがあります。

厚労省の「粗い試算」は、合計一兆一三〇〇億円(ホームヘルパーが二四〇〇億円、施設などの介護職員が八九〇〇億円)でした。二〇〇九年度の介護保険の費用は、七・九兆円だったので、「粗い試算」を上乗せすると、九兆円になります。

介護保険がはじまる前に、厚労省(旧厚生省)がつくった『介護保険制度試案』では、介護保険の費用は、二〇〇五年度は少なくて五・二兆円、多くて七・〇兆円でした。二〇〇〇年度から六年間で、費用は一・五倍から一・六倍に増えると考えていたわけです。

つぎの六年間も単純に一・五倍に増えるとすれば、少ない見積もりで七・八兆円、多い見積もりで一〇・五兆円です。中間をとれば、九・二兆円なので、「介護職員の給与を全産業平均水準」にした場合の金額に近づきます。つまり、二〇〇一年からはじまった政府の『骨太の方針』が、介護保険の給付費の「自然増」を抑制しなければ、介護労働者の離職に拍車をかけることはなく、給与をめぐる複雑な介護報酬の改定をくりかえす必要はなかったのではないでしょうか。

加算報酬の課題

また、介護職員処遇改善加算は、加算報酬というオプションなので、サービスを提供する事業所が申請をしなければ、給与に反映されることはありません。

介護職員処遇改善加算を申請する事業所は、二〇一六年には九割になりました。施設サービスの特別養護老人ホームと老人保健施設は、社会福祉法人や医療法人など比較的、大きな組織が経営しているので、事務手続きをこなして、ほぼ一〇〇パーセントの取得率です。

しかし、利用する人の八割を支えている在宅サービスでは、ホームヘルプ・サービスとデイサービスの事業所は、どちらも取得率は八八%に下がります。小規模の事業所が多く、介護職員処遇改善加算を取る条件がクリアできない、書類申請の事務手続きがこなせない、などの理由が報告されています。

同じ介護保険のサービスに従事しているのに、すべての介護労働者の給与が上がるわけではないというのは、介護職員処遇改善加算が抱える弱点です。とはいえ、介護給付費分科会で、事業所の団体を代表する委員が「経営の判断」、「労使間で決定」と発言するのを聞くと、基本報酬に組みこんだときに、給与の引き上げにつながる保障がないのは不安なところです。

介護職員処遇改善加算は、二〇一八年度からはじまった第七期(二〇一八～二〇年度)も再三の継続になりました。ただし、介護職員処遇改善加算は、取得条件によって五段階にわかれています。第七期の改定では、「報酬体系を簡素化」するなどの理由で、経過措置の期間をもうけて、下位の二段階を廃止することになりました。二〇一六年度の調査では、下位の二段階の届け出をしている事業所が二％あるので、少ないとはいえ、廃止の影響も心配です。

二〇一八年度予算と第七期改定

第七期（二〇一八〜二〇年度）の介護報酬改定は、プラス〇・五四％になりました。二〇一八年四月は、診療報酬（医療保険）との同時改定になり、障害福祉サービスの報酬改定とあわせて、トリプル改定とも呼ばれました。

改定直前の二〇一七年一二月一八日、二〇一八年度予算案の大臣折衝で、第七期の改定率をプラス〇・五四％にすることが公表されました。折衝項目をみると、ホームヘルプ・サービスの「生活援助」の利用回数の制限、デイサービスの介護報酬の引き下げが交換条件でした。

このため、6章の2で紹介したように、ケアマネジャーが所属する居宅介護支援事業所の運営基準が見直され、月に一定回数以上の「生活援助」を利用するときは、ケアプランを市区町村に事前に届け出ることが義務づけられました。

また、デイサービス(在宅サービス)は、二時間単位の介護報酬が一時間単位に見直され、事業所の規模と認定ランクに応じて、二〜八％の引き下げになりました。

なお、厚労省は、プラス改定の「在宅分」と「施設分」への具体的な配分を公表しませんでした。しかし、財務省は二〇一八年四月一一日、財政制度等審議会の財政制度分科会(榊原定征分科会長)に「自立支援・重度化防止」と「医療・介護の連携」にプラス一％程度、デイサービスや「生活援助」などの「給付の適正化」にマイナス〇・五％程度、と報告しました。つまり、加算報酬を増やして、デイサービスとホームヘルプ・サービスの基本報酬を下げたのです。

「医師の指示」が必要な加算報酬

介護報酬の改定のたびに、『介護報酬の算定構造』という資料で、サービス別に介護報酬の単位数や基準などの条件がまとめられています。とくに施設サービスには、「日常生活継続支援加算」や「看護体制加算」、「個別機能訓練加算」など、加算報酬の種類がたくさん並びます。

第七期は、「自立支援・重度化防止」と「医療・介護の連携の推進」のために、医師の指示、あるいは医師の指示書が必要な加算報酬が増えました。

ケアマネジメントの加算は6章の2で紹介しましたが、在宅サービスでは、医師の指示にもとづき、リハビリテーション専門職(理学療法士、作業療法士、言語聴覚士)がサービスを提供した場合の「生活機能向上連携加算」や「リハビリテーションマネジメント加算」のほか、さまざまなバリエーションがあります。

くわしい内容は、厚労省がまとめた『二〇一八年度介護報酬改定における各サービス毎の改定事項について』でみることができます。

2　介護保険に求めること

介護保険が最初に約束した「基本」(表3-1)は、「予防重視型システム」から「地域包括ケアシステム」まで、なじみづらいキャッチフレーズを掲げた介護保険法の改正と、三年ごとにくりかえされる介護報酬の改定で、複雑に姿を変えてきました。

そして、これまでの見直しがもたらしたのは、電話相談のたびに、サービスを利用している人から、「制度がおかしい」、「サービスが利用できない」、「将来が不安だ」、「どうしたらいいのだろう」という訴えが届く現実です。

介護が必要な人には、落ち着いた環境が必要だといわれています。しかし、介護保険の見直しはめまぐるしく、サービスを利用する人だけでなく、介護をする家族、サービスを提供する事業所、保険者である市区町村ですら、ストレスにさらされていると思います。細かい修正も多いので、二〇一八年三月に厚労省が開催した全国介護保険・高齢者保健福祉担当課長会議の資料は、七八六ページにもなりました。

また、細分化された変更が拡大するなかで、「介護の再家族化」、あるいは「介護の地域化」にむかう圧力が強まり、交替するように「介護の医療化」をすすめているようにもみえます。

とはいえ、少子高齢化がつづくなか、サービスを必要とする人は今後も増えていきます。介護保険をめぐるさまざまな不安を解消して、「利用者の自己決定、自己選択」をとりもどすために、どのようなことができるでしょうか。

「そのままの状態で尊重」されること

まず、介護保険の理念にかかわることです。介護保険法の第二条には、サービスは「要介護状態等の軽減又は悪化の防止に資するよう行なわれる」という文章があります。

病気や障害により「要介護状態等」になるのは、本人も家族も望んだわけではありません。できることなら「軽減又は悪化の防止」をしたいと願わずにはいられないでしょう。しかし、防ぐことができないからこそ、病気や障害があっても「介護のある暮らし」をつづけることができるように、介護保険がつくられたのではないでしょうか。

二〇一四年に日本が批准した障害者権利条約には、第五条で、「全ての者が、法律の前に又は法律に基づいて平等であり、並びにいかなる差別もなしに法律による平等の保護及び利益を受ける権利を有することを認める」とあります。そして、第一七条では、「全ての障害者は、他の者との平等を基礎として、その心身がそのままの状態で尊重される権利を有する」とあります。

介護を必要とする人は、「全ての障害者」でもあります。障害者権利条約の理念にもとづいて、介護保険法は「要介護状態等の軽減又は悪化の防止」を見直す必要があります。

介護保険のアセスメント

つぎに、制度が約束した「基本」に戻るための方法です。ケアマネジャーは、介護認定を受けた人にまず、アセスメント(課題分析)をしますが、介護保険にも、アセスメントが必要です。しかし、分析をするにはまず、課題がなにかを知らなければなりません。

4章の4で紹介したように、介護認定のコンピュータ判定の設計には、施設サービスを利用する人の「高齢者介護実態調査」が使われ、在宅サービスを利用する人の調査はありません。国会では二〇一三年、「多様な在宅介護の状況に係るデータに基づいた標準的な要介護認定等の仕組みを構築できるかどうか疑問がある」という政府答弁がありました。

しかし、厚労省が介護給付費分科会に提出した市区町村調査では、ホームヘルプ・サービスの「生活援助」を月九〇回以上、利用しているのは認知症の人が八割になり、ひとり暮らしで、家族の支援が望めないなど、「在宅」での困難の多い暮らしの一端がしめされました。

介護保険は、全国共通のサービスを提供します。ひとりひとりには最適ではないかもしれないし、充分とはいえないでしょう。しかし、「多様な在宅介護」に必ず求められるサービスを提供して、支えつづけるのがミッションではないでしょうか。

「在宅認定者の全国実態調査」の実施

介護認定を受けた人に必要とされる標準的なサービスがなにかを知るには、基礎となる資料が必要です。その資料を得るには、「在宅認定者の全国実態調査」をおこない、まず、介護をめぐる「多様な困難」を把握する必要があると思います。

調査の方法として、認定を受けた人は八〇歳以上が中心で、認知症の人が多いので、書面によるアンケート調査はありえません。本人を訪問して、面接による聞きとり調査が必要になります。社会調査や社会福祉の専門家にも協力を求めて、「在宅認定者の全国実態調査」の設計にチャレンジして、在宅介護の現状をまず、調べなければならないと思います。

調査には、億単位の費用が必要になるかもしれません。しかし、厚労省には「厚生労働科学研究費補助金」(二〇一八年度予算で八二億円)のほか、「介護保険制度の適切な運営を図るために「老人保健健康増進等事業等補助金」(同二七億円)など、調査・研究のための資金があります。

とくに、介護保険のためにある「老人保健健康増進等事業等補助金」には、二〇一七年度だけでも、一〇〇を超える調査研究事業があります。複数の研究事業をまとめるなどの工夫をすれば、実現は十分に可能です。

なお、面接調査は、とても大変だといわれます。しかし、介護保険では、介護認定の訪問調査員やケアマネジャー、ホームヘルパーなど、「訪問のプロ」の人材が豊富です。面接の調査をするスタッフは十分に確保できるのです。

ケアマネジメントは独立型の事業所に

介護保険のサービスは、ケアプランにもとづいて利用します。ケアプランは介護認定を受けた人がつくりますが、その支援のためにケアマネジャーが配置されています。

しかし、ケアマネジャーが所属する居宅介護支援事業所のほとんどは、介護保険のサービスを提供する事業所に併設されています。親会社の経営方針にしたがって、ケアプランを自社サービスに誘導することもあるといわれています。これでは、ケアマネジャーは、認定を受けた人と、親会社の板挟みです。

二〇一八年一〇月から、ホームヘルプ・サービスの「生活援助」を月に一定回数以上、利用する場合、ケアマネジャーはケアプランを事前に市区町村に届け出ることを求められます。

厚労省はケアマネジャーに、必要な回数であれば認めるのだから、臆することなく、事前に届け出るようにとしています。しかし、事務手続きの煩雑さのほか、行政(市区町村)と関わることに消極的な親会社から、自主規制を求められる可能性もあります。この場合、ケアマネジャーは認定を受けた人、市区町村、親会社の三者に包囲されてしまうのです。

「利用者の立場にたつ」ことを求められるケアマネジャー、あるいはケアマネジャーが所属する居宅介護支援事業所は、「公正・中立」であることも求められています。そのリクエストに応えるには、独立型の事業所を基本とする見直しが必要です。また、地域包括支援センターのケアプラン担当者も、保険者である市区町村との中立性を確保するために、独立型事業所に所属するべきだと考えます。

「現金給付」の再検討

日本の介護保険は、ドイツの制度をモデルにしたといわれています。ドイツの介護保険は一九九五年にスタートし、サービス(現物給付)か介護手当(現金給付)、あるいは両方を組みあわせた給付の三種類から選ぶことができます。介護手当を選んだ場合は、サービスの半分程度の現金が支給されます(国立国会図書館調査及び立法考査局『ドイツにおける介護保険法の改正』)。

日本でも、介護保険法成立前夜の国会審議では、「現金給付」について、時間をかけた議論がありました。地方公聴会では、サービスを提供する事業所が確保できない町村を中心に、在宅介護に「現金給付」を求める意見が多くありました。しかし、現金給付を認めると、①サービスの基盤整備が遅れる、②現金を得られるため介護を家族に固定化する、などの理由で導入は見送られました。

法律上、日本の介護保険も「現金給付」です。しかし、介護認定を受けた人に直接、給付費を払うのではなく、保険者である市区町村が「代理受領」をして、サービスを提供した事業所に払うというしくみです。

これからも少子化で家族の介護力の低下がつづくなか、介護認定を受けたのに、認定ランクごとに決められた利用限度額の範囲であるにもかかわらず、みずから選んだサービス(現物給付)を得られない人が増えるのであれば、市区町村に支払いを代理してもらわなくていい、キャッシュ(現金給付)でください、という考え方も当然、出てくるでしょう。すでに、「サービスの基盤整備」はある程度、実現できたのですから、「現金給付」をあらためて検討する時期にきています。

利用料は「応能負担」に

介護保険がはじまったとき、サービスを利用する人の自己負担は、所得にかかわらず、全員が一割を支払う「応益負担」と説明されました(図7-2)。

しかし、認定を受けた人の一七%が、サービスを利用していないという課題があります(図1-1)。利用しない理由はあきらかではありませんが、序章の1で紹介した「家計調査」の報告をみれば、自己負担を払えない人はいるでしょう。また、介護保険料を年金から天引きで納めているのに、介護認定の申し込みすらしていない人もいるはずです。

5章の2で紹介したように、二〇一五年八月以降、一割負担は、例外をふくむ「原則」にかわり、認定を受けた人のうち九%が、所得に応じて二割負担になりました。介護保険部会では、「負担能力に応じた負担となるように見直しを行うという方向については、概ね意見の一致を見た」と『意見』をまとめています。また、二〇一八年八月には、二割負担の人のうち、「医療保険の現役並み所得」のある人は三割負担になります。

「負担能力に応じた負担」は、「応能負担」と呼びます。「応能負担」にするのであれば、経

図 7-2 「応益負担」から「おおむね応能負担」へ

済的な理由で認定を受けていない人にも、一割未満の負担割合を設定して、サービスを利用する機会を提供することができます。

第一号介護保険料には、所得に応じて九段階の負担段階が設定されています（表3-4）。社会保障審議会や国会で、「応能負担」の議論はほとんどありませんが、社会保障の専門家もふくめて、ぜひ、導入の検討をしてもらいたいと思います。

介護保険と医療保険の役割分担

介護保険の被保険者は、医療保険にも

加入しているのに、なぜ、介護保険のメニューに、最初から訪問看護や居宅療養管理指導などの医療系のサービスがあるのか、不思議です。施設サービスでも、老人保健施設と介護療養病床は医療法人が運営しています。

介護保険法の改正、介護報酬の改定では、「利用者の自己決定、自己選択」で人気の高いホームヘルプ・サービスやデイサービス、特別養護老人ホームなど、介護系、あるいは福祉系と呼ばれるサービスの需要をおさえる見直しがつづいています。その一方で、医療系のサービスは、加算報酬の増額や新設、介護医療院の創設などがおこなわれています。

介護が必要な人には、介護保険と医療保険、どちらの支援も必要です。しかし、高齢の人への医療保険の現状をみると、何種類もの薬の処方(多剤投与)や、胃ろうや呼吸器などをもちいた延命治療のありかた、痛みの緩和の方法、終末期の意志決定など、さまざまな課題があります。そして、これらの課題はまだ、問題提起の途上にあるのです。

「地域包括ケアシステム」は、「重度な要介護状態となっても住み慣れた地域で自分らしい暮らしを人生の最後まで続ける」を掲げます。マスコミでも、「在宅」での看取りの事例が、好意的に紹介されます。しかし、介護が必要な時期、あるいは介護保険が必要な期間は、終末期に限られているわけではありません。また、現実問題として、在宅医療を担当する医師や看護師は、どのくらい確保されているのでしょうか。

介護保険で「医療・介護の連携」に取りくむ前に、まず、「介護と医療の役割分担」をはっきりさせて、被保険者に理解できるように説明をすることが必要です。とくに強調したいのは、知らないうちに「介護の医療化」がすすんでしまうのは、避けてもらいたいということです。

社会保障審議会のありかた

介護保険のアセスメントや、独立型の居宅介護支援事業所、現金給付や応能負担、「介護と医療の役割分担」などを検討するのは、社会保障審議会になります。私は二〇〇三年から傍聴をしていますが、厚労省が委員を選ぶ基準を説明したことはありません。まず、委任の理由を、あきらかにしてもらいたいと思います。

また、介護保険部会、介護給付費分科会ともに女性の委員は一割にとどまります。介護保険では、認定を受けた人、介護をする家族、ケアマネジャー、実際にサービスを提供する介護労働者のすべてにおいて、女性が七割を超えています。クオータ制（男女平等を実現するために、政策決定の場の一定数を女性に割り当てる制度)を持ち出すまでもなく、あきらかに委員の男女比率はアンバランスです。せめて半数は女性の委員にすること、そして、「自己決定、自己選択」をする本人や、本人の立場にたつ委員を増やすべきです。

もうひとつ、同じ社会保障審議会でも、障害福祉サービスを検討する障害者部会は動画配信をすることがあります。

介護保険のサービスを必要とする人には「移動支援」がないこともあり、傍聴に出かけることはなかなかできません。介護保険部会、介護給付費分科会ともに開かれるのは、平日の昼間です。介護労働者もふくめて働く被保険者も、傍聴することはできません。また、介護保険部会、介護給付費分科会ともに毎回、二〇〇人もの傍聴者がいますが、申しこみの抽選にはずれる人もいます。議事録がインターネットで公表される時期は、厚労省の任意で、いつになるのかわかりません。

介護保険についての審議過程を早く、広く情報公開するために、動画配信は必要なものです。

3　介護保険に市民としてできること

介護保険の見直しをめぐり、セミナーや国会での集会(院内集会)を開くたびに、参加した人から「なぜ、高齢者本人が立ちあがらないのか？」と聞かれます。

たしかに、障害福祉サービスでは、「私たちのことを私たち抜きで決めないで」を掲げ、障害のある人が活発に発言し、行動しています。それにくらべると、介護認定を受けた人は、ほとんど登場することがありません。

介護が必要な人は「立ちあがれない」

二〇〇五年、「予防重視型システム」を掲げた改正法案に疑問をいだき、国会での集会を企画したときに、利用している本人に発言をお願いしたことがあります。ＮＰＯ法人の事業所を運営する友人に、発言してくれる人を紹介してもらったのですが、担当するホームヘルパーが有給休暇を取り、ボランティアで付き添ってくれたので、実現することができました。

介護認定を受けて、サービスを利用している人には、自分たちだけでは「立ちあがれない」という状況があるのです。

介護をしている人には「ゆとりがない」

では、介護をしている人は、どうでしょうか。介護をする人は、配偶者や親などを支える日常に精いっぱいで、制度の見直しに関心をもつ時間はありません。また、見直しのたびに、次善の対応策に追われて、何が問題なのかを考えるゆとりはありません。そして、介護をする人からは、貴重な余暇時間は疲労回復やリフレッシュに使いたいと訴えられたこともあります。

もうひとつ、大きな壁があります。電話相談をしてきた介護をする人に、市区町村の担当課やケアマネジャー、あるいは事業所の苦情担当に相談してはどうかとアドバイスをすると、「お世話になっているので、苦情はいいづらい」、「親を人質に取られているようなものなので、無理だ」、「ブラックリストに載ると困る」、「困難事例にされて、クレーマー扱いされるだけ」という反応が、たくさん返ってきたのです。

介護をする人が沈黙する背後に、どれほどの課題がひそんでいるのでしょうか。

介護未満の人からのアプローチ

介護が必要な人は立ちあがれず、介護をする人にゆとりがないのであれば、制度にアクセスできるのは、それ以外の人たちです。

介護保険の被保険者には、認定を受けた人と、介護をしている人を差し引いても、六〇〇〇万人以上の「介護未満」の人がいます。ですから、「介護未満」の人たちが介護保険に関心をもつことが重要なポイントになります。

そして、介護保険には、つぎに紹介するように、最初に用意された、市民がアクセスする手段がいくつかあります。もう一度、「介護未満」の人たちで、これらの資源を再活用しなければなりません。

介護保険事業計画に関心をもつ

介護保険の運営に責任をもつ市区町村は、三年ごとに介護保険事業計画をつくります。

介護保険がはじまったとき、介護保険事業計画への「市民参画」として、介護保険事業計画策定委員会に、市民から公募した委員が参加する取りくみが注目されました。当時、ある市の策定委員会の傍聴をしたこともあります。委員には膨大な資料が渡されて、担当者からは専門用語が満載の説明があり、とても労力を求められるという印象が残りました。

「市民参画」の課題のひとつは、策定委員会が平日の日中に開催されることです。開催が土日か夜間でないと、委員の公募に志願したり、傍聴に行くことはできません。また、むずかしい言葉がならぶ事業計画案については、わかりやすい文章に整理しなおして、質疑応答や意見交換する機会があれば、もっと積極的な関わりができると思います。

市区町村の職員に、土日や夜間に働いてもらう余裕がないなら、あるいは、事業計画をわかりやすくする作業に時間がかかるなら、それこそ、市民の力を借りるべきでしょう。

多くの市区町村は、介護保険事業計画策定委員会を設けています。手はじめに、どのような委員の顔ぶれなのか、委員の公募はあるのか、傍聴はできるのか、などを調べてみてください。

被保険者のための苦情解決機関

「利用者の自己決定、自己選択」を掲げた介護保険は、都道府県の国民健康保険団体連合会に、介護保険サービスの苦情解決機関を設けました。

二〇〇七年に全国の都道府県の苦情解決機関を調べたことがありますが、電話、ファックス、手紙、来所、メールなどで相談に対応することになっています。ただし、二年後に調べなおしたときには、理由は不明ですが、連絡先が変更されているところが少なくありませんでした。

電話相談では、「苦情解決機関に相談しても役に立たなかった」、「サービスは使えないと言われて終わりだった」という声がありました。

また、苦情解決機関の報告が社会保障審議会に提出されたことはありません。

都道府県ごとに、苦情解決機関の活動がどうなっているのか、あるいは、寄せられた苦情について、分析して報告書を公表しているのかなどを調べてみましょう。報告書については、都道府県に説明会を求めて、苦情の現状や解決の課題を知る機会をつくることも有効ではないでしょうか。被保険者のための苦情解決機関になってもらうために、市民サイドからのアプローチに、知恵を出しあいましょう。

パブリックコメントの活用

介護保険に限りませんが、行政手続法にもとづいて、厚労省をはじめ各省庁が、広く意見を募集する、パブリックコメント（意見募集）があります。パブリックコメントの募集は、インターネットの「e-Gov」（電子政府の総合窓口）でチェックすることができます。

介護保険では、介護保険法の改正と介護報酬の改定のたびに、「意見募集」があります。ただし、残念なことに、社会保障審議会が厚生労働大臣に答申を終えたあとで、募集がおこなわれています。介護保険部会と介護給付費分科会は、中間まとめの段階でパブリックコメントの募集をして、その結果も検討の材料にするべきです。

なお、介護保険だけでなく、パブリックコメントの募集では、長いタイトルをみても、なにがテーマなのか、わからないことが多いのです。「e-Gov」には、サブタイトルをつけるなど、一般の人にもわかりやすい表記を求めたいものです。

さらに、パブリックコメントは、市民が直接、意見を出すことができるチャンスですが、件数や要約しか公表されないこともよくあります。意見を出すとともに、自分のツイッターやフェイスブックなどを活用して、自主的な公表を考えてみるのはどうでしょうか。

4　「総介護社会」にむけて

介護保険は、加入者(被保険者)は四〇歳以上という、中高年限定の制度としてスタートしました。しかし、あらゆる世代に介護を必要とする人がいます。このため最初から、「制度の普遍化」が課題になっていました。

若い世代の負担

二〇〇三年、介護保険部会では、「五年後の大きな見直し」に向けて、「被保険者の拡大」をテーマにとりあげ、「四〇歳未満」の人を加入させるかどうかを検討しました。

被保険者の年齢を四〇歳未満まで引き下げることには、①若い世代も介護保険のサービスを利用できる「給付の拡大」と、②若い世代も介護保険料を負担する「負担の拡大」という、ふたつのポイントがあります。とはいえ、介護保険部会では、介護保険料という「負担の拡大」が議論の中心でした。また、四〇歳未満の何歳までを対象にするのかもはっきりしていません。

しかし、一九九〇年代から、非正規雇用（パート、アルバイト、派遣社員、契約社員など）の人が増えはじめていました。所得の低い若い世代に、あらたな負担を求められるのかというテーマは、第二号介護保険料の事業主負担が増えることになる経済界の委員の猛反対も重なり、二〇一八年の段階でも、着地点がみつからない状況にあります。

なお、非正規雇用で働くのは二〇三六万人で、一五歳から六四歳までの働く人の四割です（総務省『労働力調査二〇一七年平均（速報）』）。四〇歳未満の集計はありませんが、四四歳未満が八八六万人で、ほぼ半数をしめます。また、給与所得者の年間平均給与は、「正規」が四八七万円、「非正規」が一七二万円と報告されています（国税庁『二〇一六年分民間給与実態統計調査』）。

介護保険と障害福祉サービス

「被保険者の拡大」の議論には、障害のある人に「給付の拡大」と「負担の拡大」をおこなう、つまり、障害福祉サービスを介護保険に統合するというテーマもありました。

二〇〇四年、介護保険部会（貝塚啓明部会長）は『「被保険者・受給者の範囲」の拡大に関する意見』で、「制度の普遍化」はすすめるべきだが、実施の時期は慎重にとしました。しかし、二〇〇五年の改正介護保険法の附則で、二〇〇七年度までに、「被保険者の範囲」について、さらに検討することが明記されました。厚労省は、介護保険制度の被保険者・受給者範囲に関する有識者会議（京極高宣座長）を設置し、二〇〇七年五月に『中間報告』をまとめましたが、「将来の拡大を視野に入れ、その見直しを検討していくべき」として、ふたたび結論は保留になりました。

結論を出さなかった最大の理由は、有識者会議のヒアリングに出席した障害者八団体が、すべて反対したことにあります。

障害福祉サービスは、措置制度にもとづいて、サービスの費用は税金でまかなわれてきましたが、二〇〇三年四月から支援費制度になりました（表7-2）。財源は税金のままですが、障害認定や事業所との契約などは、介護保険とよく似たしくみで、介護保険に統合することになれば、すぐにでも合体できるような設計でした。

そして、「被保険者の拡大」の議論が足踏み状態のなか、二〇〇五年には障害者自立支援法が成立して、介護保険と同じように、自己負担が導入されていました。

障害者団体が強く反対したのは、雇用機会を得ることがむずかしく、所得も低い状況のなか

表 7-2　介護保険と障害福祉サービスのあゆみ

年	介護保険サービス	障害福祉サービス
2000	介護保険法施行	身体障害者福祉審議会（意見具申）「障害者施策」
2003		支援費制度施行
2004	社会保障審議会介護保険部会「『被保険者・受給者の範囲』の拡大に関する意見」	社会保障審議会障害者部会中間報告
2005	介護保険法の一部を改正する法律案閣議決定	障害者自立支援法成立
2006	第２号被保険者の特定疾病に末期がんを追加	支援費制度は障害者自立支援法に移行
	社会保障の在り方に関する懇談会「報告書」	
2007	介護保険制度の被保険者・受給者範囲に関する有識者会議「中間報告」	
2010	社会保障審議会介護保険部会「介護保険制度の見直しに関する意見」	障害者自立支援法違憲訴訟団と国との基本合意
2012		障害者自立支援法から障害者総合支援法に名称変更
2013	社会保障審議会介護保険部会「介護保険制度の見直しに関する意見」	障害者総合支援法の対象に難病を追加

社会保障審議会介護保険部会第 62 回（2016 年 8 月 31 日）参考資料 1「被保険者の範囲のあり方」より作成.

で、第二号介護保険料と自己負担は受け入れがたいことだったからです。

六五歳以上は「保険優先」が原則

いまは介護保険法と障害者総合支援法というふたつの法律があり、六五歳を境に、障害福祉と介護保険にサービスがわかれています。そして、六五歳以上の人には「保険優先」の原則があり、まず、介護保険のサービスを利用して、介護保険では足りないとき、あるいは介護保険にないサービスが必要なとき、という条件つきで、障害福祉サービスが利用できるのです。

なお、二〇一七年に亡くなったフランス文学者の篠沢秀夫さんは、筋萎縮性側索硬化症（ALS）で、呼吸器をつけていました。家族の夜間介護の負担が大きくなり、東京都新宿区に障害福祉サービスの併用を申しこみましたが、新宿区は、篠沢さんが六五歳以上であることを理由に、受けつけませんでした。その後、新宿区は篠沢さんに謝罪して、障害福祉サービスの併用を認めました（二〇一〇年二月四日、共同通信）。この経緯は、市区町村によって「保険優先」の原則をめぐる判断が異なることをしめしています。

障害者総合支援法の成立

二〇〇八年、障害のある人たちは、自己負担を導入した障害者自立支援法について、全国各地で違憲訴訟を起こしました。

二〇一〇年一月になり、鳩山由紀夫内閣は、原告団・弁護団と「基本合意文書」(『障害者自立支援法違憲訴訟原告団・弁護団と国(厚生労働省)との基本合意文書』)を結び、全国一四カ所の裁判は終結しました。「基本合意文書」には、住民税非課税世帯には自己負担をさせない、「介護保険優先原則」を廃止して「障害の特性を配慮した選択制等の導入をはかる」とありました。

そして、二〇一二年、障害者自立支援法は廃止され、障害者総合支援法(障害者の日常生活及び社会生活を総合的に支援するための法律)が成立し、難病の人も障害福祉サービスを利用できることになりました。現在、障害福祉サービスを利用するのは一〇〇万人、費用は一兆円です。

「共生型サービス」の登場

一方、障害福祉サービスを利用する人も、高齢化が進んでいます。このため、二〇一七年の介護保険法の改正では、「地域共生社会の実現に向けた取組」のために、「共生型サービス」が新設されました(表6-4)。

「共生型サービス」は、障害福祉サービスを利用する人が六五歳になっても、それまで利用していた障害福祉サービスの事業所をつづけて利用できるように、介護保険の事業所の指定が取れるというものです。同時に、介護保険の事業所も、障害福祉サービスの事業所の指定が取れるようになりました。

サービスがわかれたままなので、こみいった見直しになりましたが、障害者団体のなかには、事業所が相互乗り入れする「共生型サービス」を突破口に、障害福祉サービスを介護保険に統合する議論が再登場するのではないかと警戒する声もありました。

また、「共生型サービス」の具体的な内容は、第七期(二〇一八～二〇年度)の介護報酬の改定に持ちこされ、ホームヘルプ・サービスとデイサービス、ショートステイの三サービスが対象になり、名称もそれぞれ「共生型訪問介護」、「共生型通所介護」、「共生型短期入所生活介護」になりました。

「共生型サービス」では、六四歳まで障害福祉サービスを利用してきた人が、「六五歳の障害者」になっても、同じ事業所とサービスをつづけて利用することができます。しかし、六五歳

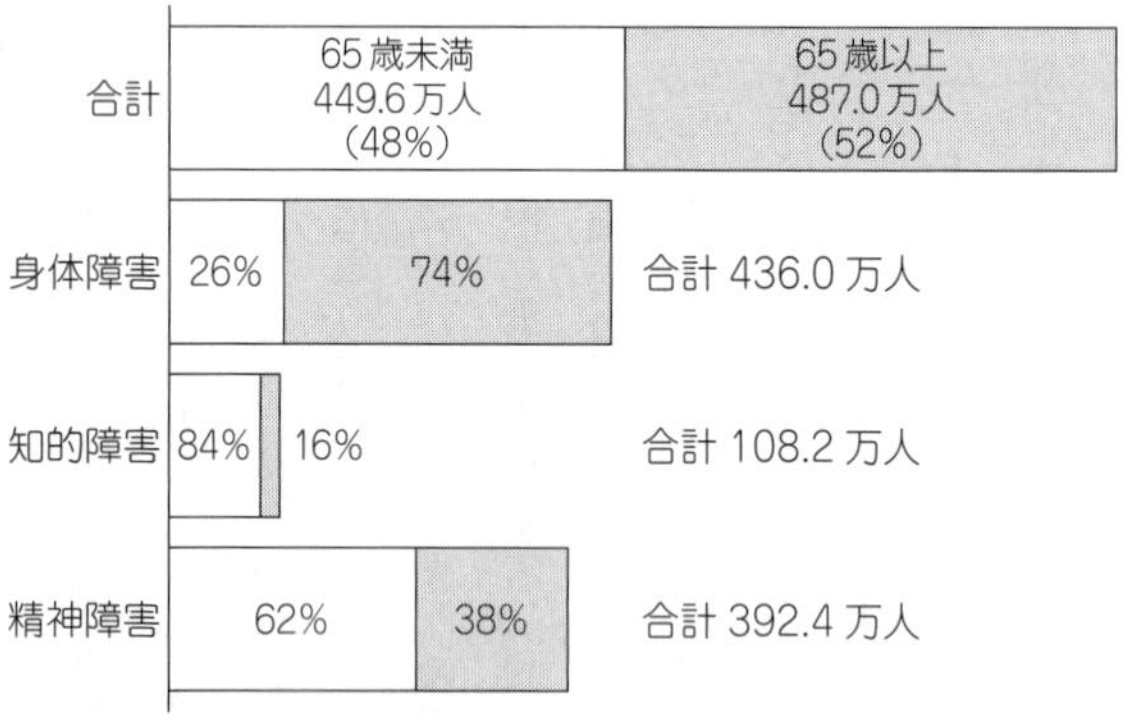

厚生労働省「2016年生活のしづらさなどに関する調査(全国在宅障害児・者等実態調査)」より作成.
注: 障害者数は推計値で,「総数は936.6万人であり,人口の約7.4%に相当」と報告されています.「在宅・施設別」では,施設入所は50.6万人(5.4%),在宅は886.0万人(94.6%)になります.

図7-3 高齢者も障害者

を過ぎてからサービスが必要になった人には、「保険優先」の原則があるので、一定の条件をクリアしないと、障害福祉サービスはほとんど利用できないという分断の実態に変わりはありません。

しかし、身体障害がある人の七割、精神障害がある人の四割、知的障害がある人の二割は、六五歳以上なのです(図7-3)。介護保険は、若年(四〇~六四歳)と高齢(六五歳以上)にわけていますが、「共生型サービス」の登場は、ともにサービスが必要な人を、さらに「高齢」と「障害」にもわけることになってしまいました。

「介護がある暮らし」の普遍化を

介護保険の見直しのたびに、「もう、介護保険はやめたほうがいいと思わないか？」と問われます。若い人には「私たちのときには、どうなっているの？」と迫られることがあります。介護労働者からは、「年金も少ないだろうし、いまの利用者さんのようにサービスは使えません」と、将来への不安をきくこともあります。

制度への不信感がひろがっていますが、介護を必要とする人は、高齢の人に限りません。病気や障害を抱えた赤ちゃんから、事故などで中途障害になった人、仕事のストレスなどでうつ病になった人など、年齢を問わず、広く対象になる人がいます。「給付の普遍化」、つまり、全世代に必要なサービスとはなにかを考えるのは、むずかしく、そして重要なテーマです。

なお、「給付の普遍化」をめざすために、まず、介護保険と障害福祉サービスの統合を検討するのであれば、最低限、ふたつの条件をつけたいと思います。ひとつは、世代を問わず、所得に応じた「応能負担」の設計にすることです。もうひとつは、「移動支援」による社会参加の機会や、「重度訪問介護」による生活全般の支援などが用意されている障害福祉サービスを基本にして、サービスのメニューを構成することです。

ちなみに、介護保険部会における「被保険者の拡大」の一連の議論のなかで、四〇歳未満で介護を必要とする人はどのくらいいるのか、どのような標準的なサービスを用意すべきなのか、あるいは拡大したときに、サービスの費用はいくら必要になるのか、という試算や推計が出されたことはありません。議論を再開するには、多角的なシミュレーションをおこなった資料が不可欠です。

「在宅認定者の全国実態調査」でもふれましたが、介護保険の見直しに求めたいのは、率直に現実にむきあい、課題を整理する姿勢です。そして、課題を解決するための方法をいくつも考えて、合理的な見積もり(試算)とともに提案してもらうことです。

被保険者が納得して、介護保険料や自己負担を払うことができる信頼を築くことで、はじめて、「制度の持続可能性」を高めることができるのではないでしょうか。

小竹雅子

1956年生まれ．北海道出身．1981年，「障害児を普通学校へ・全国連絡会」に参加．1998年，「市民福祉サポートセンター」で介護保険の電話相談を開設．2003年より「市民福祉情報オフィス・ハスカップ」(http://haskap.net/)を主宰．メールマガジン「市民福祉情報」の無料配信，電話相談やセミナーを企画．著書に『こう変わる！ 介護保険』，『介護情報Q＆A』，『もっと変わる！ 介護保険』，『介護認定』(共著)，『もっと知りたい！ 国会ガイド』(共著)(以上，岩波ブックレット)，『おかしいよ！ 改正介護保険』(編著，現代書館)ほかがある．

総介護社会
――介護保険から問い直す　　岩波新書(新赤版)1731

2018年7月20日　第1刷発行
2020年3月5日　第2刷発行

著　者　小竹雅子（おだけまさこ）

発行者　岡本　厚

発行所　株式会社　岩波書店
〒101-8002 東京都千代田区一ツ橋2-5-5
案内 03-5210-4000　営業部 03-5210-4111
https://www.iwanami.co.jp/

新書編集部 03-5210-4054
http://www.iwanamishinsho.com/

印刷・精興社　カバー・半七印刷　製本・中永製本

ISBN 978-4-00-431731-9　　Printed in Japan

岩波新書新赤版一〇〇〇点に際して

ひとつの時代が終わったと言われて久しい。だが、その先にいかなる時代を展望するのか、私たちはその輪郭すら描きえていない。二〇世紀から持ち越した課題の多くは、未だ解決の緒を見つけることのできないままであり、二一世紀が新たに招きよせた問題も少なくない。グローバル資本主義の浸透、憎悪の連鎖、暴力の応酬――世界は混沌として深い不安の只中にある。

現代社会においては変化が常態となり、速さと新しさに絶対的な価値が与えられた。消費社会の深化と情報技術の革命は、種々の境界を無くし、人々の生活やコミュニケーションの様式を根底から変容させてきた。ライフスタイルは多様化し、一面では個人の生き方をそれぞれが選びとる時代が始まっている。同時に、新たな格差が生まれ、様々な次元での亀裂や分断が深まっている。社会や歴史に対する意識が揺らぎ、普遍的な理念に対する根本的な懐疑や、現実を変えることへの無力感がひそかに根を張りつつある。そして生きることに誰もが困難を覚える時代が到来している。

しかし、日常生活のそれぞれの場で、自由と民主主義を獲得し実践することを通じて、私たち自身がそうした閉塞を乗り超え、希望の時代の幕開けを告げてゆくことは不可能ではあるまい。そのために、いま求められていること――それは、個と個の間で開かれた対話を積み重ねながら、人間らしく生きることの条件について一人ひとりが粘り強く思考することではないか。その営みの糧となるものが、教養に外ならないと私たちは考える。歴史とは何か、よく生きるとはいかなることか、世界そして人間はどこへ向かうべきなのか――こうした根源的な問いとの格闘が、文化と知の厚みを作り出し、個人と社会を支える基盤としての教養となった。まさにそのような教養への道案内こそ、岩波新書が創刊以来、追求してきたことである。

岩波新書は、日中戦争下の一九三八年一一月に赤版として創刊された。創刊の辞は、道義の精神に則らない日本の行動を憂慮し、批判的精神と良心的行動の欠如を戒めつつ、現代人の現代的教養を刊行の目的とする、と謳っている。以後、青版、黄版、新赤版と装いを改めながら、合計二五〇〇点余りを世に問うてきた。そして、いままた新赤版が一〇〇〇点を迎えたのを機に、人間の理性と良心への信頼を再確認し、それに裏打ちされた文化を培っていく決意を込めて、新しい装丁のもとに再出発したいと思う。一冊一冊から吹き出す新風が一人でも多くの読者の許に届くこと、そして希望ある時代への想像力を豊かにかき立てることを切に願う。

（二〇〇六年四月）

岩波新書より

福祉・医療

賢い患者	山口育子
ルポ 看護の質	小林美希
健康長寿のための医学	井村裕夫
不眠とうつ病	清水徹男
在宅介護	結城康博
和漢診療学 あたらしい漢方	寺澤捷年
不可能を可能に 点字の世界を駆けぬける	田中徹二
医と人間	井村裕夫編
医療の選択	桐野高明
納得の老後 日欧在宅ケア探訪	村上紀美子
移植医療	出河雅彦 / 櫛島次郎
医学的根拠とは何か	津田敏秀
転倒予防	武藤芳照
看護の力	川嶋みどり
心の病 回復への道	野中猛
重い障害を生きるということ	髙谷清
肝臓病	渡辺純夫
感染症と文明	山本太郎
ルポ 認知症ケア最前線	佐藤幹夫
医の未来	矢﨑義雄編
パンデミックとたたかう	押谷仁 / 瀬名秀明
健康不安社会を生きる	飯島裕一編著
介護 現場からの検証	結城康博
腎臓病の話	椎貝達夫
がんとどう向き合うか	額田勲
がん緩和ケア最前線	坂井かをり
人はなぜ太るのか	岡田正彦
児童虐待	川﨑二三彦
生老病死を支える	方波見康雄
医療の値段	結城康博
認知症とは何か	小澤勲
障害者とスポーツ	高橋明
生体肝移植	後藤正治
放射線と健康	舘野之男
定常型社会 新しい「豊かさ」の構想	広井良典
健康ブームを問う	飯島裕一編著
血管の病気	田辺達三
医の現在	高久史麿編
日本の社会保障	広井良典
居住福祉	早川和男
高齢者医療と福祉	岡本祐三
看護 ベッドサイドの光景	増田れい子
医療の倫理	星野一正
体験 ルポ 世界の高齢者福祉	山井和則
リハビリテーション	砂原茂一
指と耳で読む	本間一夫
自分たちで生命を守った村	菊地武雄